全国电子商务类人才培养系列教材

U0647218

网店美工
视觉设计实战教程

全彩微课版 | 第 3 版

梁小丽 罗天兰 / 主编

刘晏岑 侍颖辉 陈亭每 / 副主编

人民邮电出版社
北京

图书在版编目（CIP）数据

网店美工视觉设计实战教程：全彩微课版 / 梁小丽，
罗天兰主编. -- 3版. -- 北京：人民邮电出版社，
2023.10

全国电子商务类人才培养系列教材
ISBN 978-7-115-62284-6

Ⅰ. ①网… Ⅱ. ①梁… ②罗… Ⅲ. ①网店－设计－
高等学校－教材 Ⅳ. ①F713.361.2

中国国家版本馆CIP数据核字(2023)第126459号

内 容 提 要

本书从网店美工的角度出发，结合大量实践案例讲解了网店页面的视觉设计和商品视频的制作方法。本书共 4 篇，分为 9 章：前 8 章内容涵盖了网店美工必备的各项知识与技能，主要包括网店美工基础知识、图片调色、图片修饰、店铺首页核心模块设计、商品详情页视觉设计、装修店铺、推广图和视频的设计与制作、移动端店铺的视觉设计与装修；第 9 章为综合实战内容，通过对糕点店铺视觉设计的介绍，可加深读者对所学知识的理解。本书结构清晰、图文并茂，可有效地指导读者对网店页面进行设计与装修，加强自身的职业技能并提高职业素养。

本书可作为有志于或正在从事网店美工相关工作的人员的学习和参考书，也可作为电子商务专业相关课程的教材。

◆ 主　　编　梁小丽　罗天兰
　　副主编　刘晏岑　侍颖辉　陈亭每
　　责任编辑　孙燕燕
　　责任印制　李　东　胡　南

◆ 人民邮电出版社出版发行　　北京市丰台区成寿寺路 11 号
　　邮编　100164　电子邮件　315@ptpress.com.cn
　　网址　https://www.ptpress.com.cn
　　天津市银博印刷集团有限公司印刷

◆ 开本：700×1000　1/16
　　印张：13.5　　　　　　　　　2023 年 10 月第 3 版
　　字数：311 千字　　　　　　　2025 年 1 月天津第 4 次印刷

定价：69.80 元

读者服务热线：(010)81055256　印装质量热线：(010)81055316
反盗版热线：(010)81055315
广告经营许可证：京东市监广登字 20170147 号

前言

PREFACE

一、本书编写目的

随着电子商务的不断发展，各类购物平台不断涌现，网店已成为当下消费者购物的主要场地。卖家要想在众多网店中脱颖而出，吸引消费者浏览店铺商品，并刺激其产生购买行为，网店的页面视觉设计就显得至关重要。为全面提高网店美工的人才质量，着力造就拔尖创新人才，本书将党的二十大精神与网店美工的实际工作结合起来，立足岗位需求，以社会主义核心价值观为引领，注重立德树人，努力培养读者的自信自强、守正创新、勇毅前行的精神。同时，为了帮助读者更好地掌握网店美工视觉设计的基本技能，编者在《网店美工视觉设计实战教程（全彩微课版 第2版）》的基础上对教材内容、案例等进行了升级优化。

（一）内容优化

电子商务的快速发展使各类网店购物平台逐渐成熟，网店视觉设计的要求也发生了变化。与本书第2版相比，编者对内容进行了优化，增加了商品视频制作的内容，更新了移动端首页和商品详情页的制作要求与装修方法，新增了利用在线网页快速添加热区等内容，从而帮助读者与时俱进地掌握网店视觉设计的方法。另外，本书新增了"素养目标"和"设计素养"模块，可帮助读者更好地明确设计目标、培养设计能力。

（二）案例优化

除了补充新的内容，本书对部分案例、实战演练、课后练习等做了更新，页面的视觉效果更符合当今市场的主流审美观，也使读者更了解当下市场的需求。另外，在案例和实战的设计上，本书充分考虑创新、公益、乡村振兴、环保等要素，从而达到弘扬美好品德、陶冶情操的目的。

二、本书主要内容

本书内容可分为网店美工基础、网店图片处理、店铺装修、综合实战4篇，各篇的具体内容分别如下。

第1篇（网店美工基础）：包含第1章的内容，主要介绍网店美工的工作范畴、网店美工的技能要求、网店美工视觉设计基础、Photoshop的基本操作，以及利用Photoshop抠图等。通过学习该篇内容，读者可以明确网店美工的职责和技能要求，了解视觉设计的基础知识，掌握Photoshop的基本操作和抠图方面的相关知识，从而为后面进行店铺首页设计、商品详情页设计、推广图设计打下基础。

第2篇（网店图片处理）：包含第2章和第3章的内容，主要介绍图片的调色和修饰。具体内容包括处理曝光不足或曝光过度的图片、调整图片色调、修饰图片、丰富图片内容、添加图片特效等。通过学习该篇内容，读者能够调整图片色彩、修饰图片画面，以及使用形状、文本等元素装饰图片。

第3篇（店铺装修）：包含第4章~第8章的内容，主要介绍店铺首页核心模块设计、商品详情页视觉设计、装修店铺、推广图和视频的设计与制作、移动端店铺的视觉设计与装修等。通过学习该篇内容，读者可以独立设计PC端和移动端的店铺首页与商品详情页，以及推广图和商品视频，快速学会PC端店铺和移动端店铺的装修。

第4篇（综合实战）：包含第9章的内容，通过学习该篇内容，读者可以快速完成食品类、家居类、家电类店铺的视觉设计。

三、本书主要特点

（一）内容丰富，结构合理

本书从网店美工岗位的职责入手，一步步地介绍网店美工所涉及的知识，由浅入深，循序渐进。同时，本书内容基本按照"设计知识+Photoshop操作知识"的结构进行编写，理论联系实际，便于读者快速掌握网店美工的工作技能。

（二）案例丰富，实践性强

本书结合网店美工岗位的实际需求进行设计，知识讲解与实例同步进行，案例丰富、实用；同时，每章后设计了"实战演练""课后练习"模块，以加强读者对知识的理解与运用能力。

（三）资源齐备，方便学习

本书采用二维码形式嵌入微课视频，读者通过扫描二维码可随时随地学习，以提高学习效率。

本书不仅提供配套的视频教学资料，而且提供素材和效果文件、PPT课件、教学大纲、网店美工设计常用素材、店铺装修精美案例、店铺装修代码等资源，用书教师可登录人邮教育社区（www.ryjiaoyu.com）进行下载。

本书由梁小丽、罗天兰担任主编，刘晏岑、侍颖辉、陈亭每担任副主编。由于编者水平有限，书中难免存在不足之处，欢迎广大读者批评指正。

编　者
2023年6月

目录
CONTENTS

第1篇　网店美工基础

第2篇　网店图片处理

第3篇 店铺装修

第4篇 综合实战

第1篇　网店美工基础

第1章　网店美工基础知识

　　一个广受好评的网店离不开美观的店铺装修，而网店美工的作用就在于从视觉上快速提升店铺的美观度、传达商品信息、树立品牌形象，并吸引更多消费者进店浏览。一名优秀的网店美工除了需要熟悉网店美工的工作范畴、满足网店美工所需的技能要求，还需要掌握一些视觉设计的基础知识，以及Photoshop的基本操作和抠图操作。

技能目标：

* 熟悉网店美工的工作范畴

* 掌握网店美工所需的设计基础知识

* 熟悉Photoshop的基本操作

* 掌握Photoshop抠图的方法

素养目标：

* 培养网店美工的职业素养

* 提高网店美工的专业能力水平

1.1 网店美工概述

网店美工伴随着电子商务的发展而出现，服务于淘宝、京东、唯品会、阿里巴巴等电子商务平台上的店铺，是对店铺画面编辑与美化工作者的统称。想要从事网店美工行业的人员，首先应清楚网店美工的工作范畴和相关的技能要求，从而明白以后所要努力的方向。

↘ 1.1.1 网店美工的工作范畴

网店美工的工作范畴比较广泛，重点内容在于美化图片、设计页面、打造特色和装修店铺等。

- **美化图片：** 图片是店铺上架商品的主要展现形式，而拍摄的商品图片可能会因为各种问题不能直接使用，这时网店美工就需要设计和美化拍摄的商品图片，提升商品图片的展现效果，从而吸引消费者的注意力。美化图片的具体内容包括调整商品图片尺寸、调整商品图片颜色和丰富图片等内容。图1-1所示为美化图片前后的对比效果。

图1-1 美化图片前后的对比效果

- **设计页面：** 网店美工应该具有良好的审美能力与扎实的美术功底，从而能够进行页面的布局和色彩搭配，独立完成店铺首页、商品详情页、活动页的设计等。图1-2所示为数码商品的详情页，页面色彩搭配灵感来源于该商品的外观，在视觉上呈现简洁统一的效果；页面布局的构思在于在商品焦点图下方紧跟商品优势展示区，快速向消费者传达选择该商品的理由，提升消费者的购买欲望。

- **打造特色：** 打造特色是指在设计页面的基础上，添加符合店铺定位的创意，形成独特的店铺特色，加深消费者对店铺的印象，有利于树立品牌形象。图1-3所示为茶叶店铺的首页，通过装饰物、字体等元素，打造出茶叶店铺"古朴、传统"的独特特色。

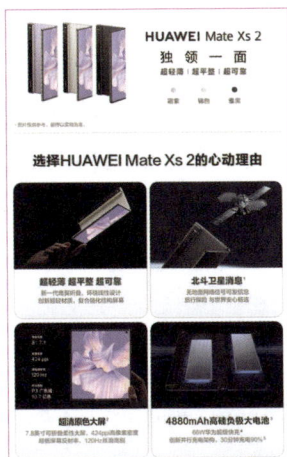

图1-2　数码商品的详情页

图1-3　茶叶店铺的首页

● **装修店铺**：设计页面后，网店美工需要将设计的效果切片并分模块进行装修，使分散的模块在视觉上又成为统一的整体。图1-4所示为店铺的部分基础模块和店铺首页的部分装修效果。

图1-4　店铺的部分基础模块和店铺首页的部分装修效果

↘ 1.1.2　网店美工的技能要求

网店美工是一个复合型岗位，既要能够处理图片，还需要在其中加入商业意图，是传统意义上的美工与设计师的集合体。因此，一名合格的网店美工不仅需要拥有艺术创作能力，还需要具有商业思维能力。

● **艺术创作能力**：除了具备深厚的美术功底、丰富的想象力、创造力、分析力，一名合格的网店美工还要能够熟练使用Photoshop、CINEMA4D、剪映、Illustrator等常用软件，具备处理商品图片、制作和装修店铺页面以及视频制作的能力，能将创作想法落实为具体的设计作品。

● **商业思维能力**：网店美工需要通过设计准确地向消费者传达商品的特点、优惠活动等信息，从运营、推广、数据分析的角度去思考，提升商品图片的点击率和转化率。此外，网店美工还需将商业思维运用到页面设计中，激发消费者的购买欲望。

1.2　网店美工视觉设计基础

在实体店中，消费者可以用触觉感知商品的质量，用视觉观察商品的外表；而在网店中，消费者则只能通过商品的图片和视频了解商品的相关信息。因此，店铺的视觉设计效果将直接影响商品的销量，此时，网店美工可以从色彩、图形和文字等方面提升店铺甚至商品的视觉效果。

↘ 1.2.1　色彩

色彩是一种视觉冲击力很强的元素，可以带给消费者深刻的第一印象。网店美工需要先掌握色彩的基础知识，正确运用色彩的对比，才能让画面更具亲和力和感染力，快速抓住消费者的视线，提高店铺的浏览量与商品的购买率。

1. 色彩的基础知识

在运用色彩前，网店美工需要先了解色彩的基础知识，包括色彩的属性，以及主色、辅助色与点缀色。

（1）色彩的属性

色彩可以分为有彩色和无彩色（即黑色、白色、灰色），每一种有彩色都具有3种基本属性，即色相、明度和纯度。任何一个有彩色，加入白色能够提高明度；加入黑色能够降低明度。纯度的变化也可以通过加入白色、黑色、灰色来实现。

- **色相**：是指各类色彩给人的视觉感受，如红、黄、绿、蓝等各种颜色。
- **明度**：也称深浅度，是指眼睛对光源和物体表面明暗程度的感觉，该明暗程度取决于光线的强弱，用于表现色彩层次感的基础。
- **纯度**：也称饱和度，是指眼睛对色彩鲜艳度与浑浊度的感受。

（2）主色、辅助色与点缀色

色彩搭配的黄金比例为"70：25：5"，其中，占总版面70%的为主色，占25%的为辅助色，占5%的为点缀色。在页面设计中，网店美工通常根据店铺风格和类目选择占用大面积的主色，再根据主色来选择搭配的辅助色，最后选择点缀色用于突出页面的重点、平衡视觉效果。图1-5所示为主色、辅助色与点缀色的应用案例。

图1-5　主色、辅助色与点缀色的应用案例

在色彩搭配中，主色、辅助色与点缀色是3种具有不同功能的颜色。

- **主色**：主色可以是具体的某些颜色，也可以是一种色调（色调是指一幅作品中色彩的基本倾向。在明度、纯度、色相这3种属性中，某种属性起主导作用，即可称为某种色调），它决定了店铺的整体风格。主色不宜过多，一般控制在1~3种。过多的颜色容易让消费者产生视觉疲劳，也会让画面显得杂乱。
- **辅助色**：辅助色用于烘托主色，帮助主色建立更完整的形象。合理应用辅助色能丰富画面的色彩，使画面更加完整、美观。
- **点缀色**：点缀色是指画面中面积小、色彩比较醒目的一种或多种颜色。合理应用点缀色，可以使画面色彩更加丰富，也能起到画龙点睛的作用。

2. 色彩的对比

色彩对比是指人眼对不同色彩感知的差异。根据色彩的3个属性，色彩对比可分为色相对比、明度对比和纯度对比，另外还有常见的冷暖色对比。

- **色相对比**：指利用色相之间的差别形成对比，如图1-6所示。当画面中的主色确定后，网店美工需要先考虑其他色相与主色之间是否具有相关性，重点表现哪些内容才能增加表现力。
- **明度对比**：指利用色彩的明暗程度进行对比。恰当的明度对比可以使画面产生光感、明快感和清晰感。一般情况下，明度对比较强时，画面内容的清晰度也较高；而明度对比较弱时，画面会显得柔和单薄、简单单调。
- **纯度对比**：指利用纯度的强弱形成对比。纯度对比较弱的画面，其视觉效果也较弱，适合长时间观看；纯度对比适中的画面，其视觉效果和谐、丰富，可以突显画面的主次；纯度对比越强的画面，其视觉效果越鲜艳明朗、富有生机。图1-7所示为不同纯度红色的对比效果。

图1-6　色相对比

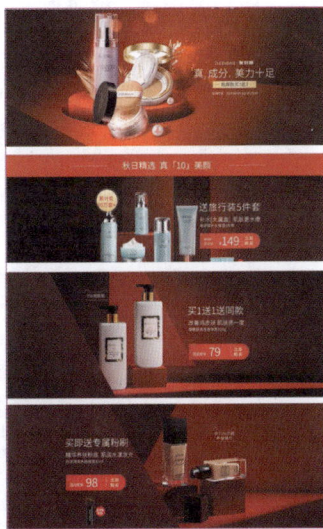

图1-7　不同纯度红色的对比效果

- **冷暖色对比**：指利用色彩冷暖感觉形成的对比。从颜色给人带来的感官刺激进行考量，黄、橙、红等颜色能给人带来温暖、热情、奔放的感觉，属于暖色调；蓝、蓝绿、紫等颜色能给人带来凉爽、寒冷、低调的感觉，属于冷色调。网店美工利用该对比很容易突出商品主体所在的位置，使视线聚焦于形成对比处或者冷暖交界处，如图1-8所示。

图1-8　冷暖色对比

↘ 1.2.2　图形

利用图形进行装饰，既可以丰富商品画面的视觉效果，又能生动地表现商品信息，同时还能打破纯文字画面给人的呆板视觉效果。合理运用图形需要先了解图形的分类和图形的创意。

1. 图形的分类

图形可分为具象图形和抽象图形两种类型。

- **具象图形：** 指真实、具体的图像，是一种较为直观的视觉表达，具有写实性、客观性和真实性等特点。具象图形凭借着直观、易懂等优势被广泛应用。在图1-9所示的直饮机商品分类图中，3种同款不同色的商品图像即为具象图形，用于直观地向消费者展示商品的外观特征，以及该商品的颜色种类。

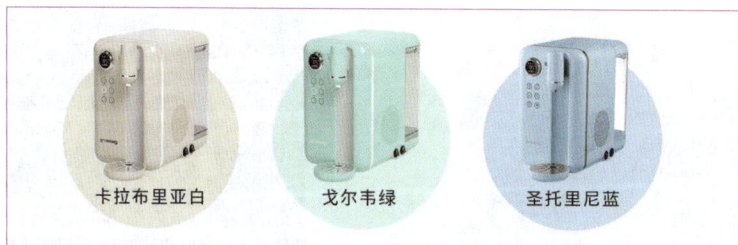

图1-9　直饮机商品分类图

- **抽象图形：** 指由客观对象提炼、概括而来的几何图形，是一种高度抽象的视觉符号，具有利落、干练的视觉美感。抽象图形不注重表现真实的细节，更加注意形式感与表现力，是一种艺术表达方式，因此常用于表现品牌理念、商品设计构思、品牌Logo、商品符号等，而不是向消费者展示某种商品的具体形象。图1-10所示的店铺首页分类图中未使用真实的商品图像，而是将商品种类抽象化，并用简洁的线条与色彩勾勒出来，形成能够代表商品类型的视觉符号，向消费者展示与众不同的分类创意，从而提升消费者对店铺的好感度。

图1-10　店铺首页分类图

2. 图形的创意

图形的创意是做好一张优秀商品图片的核心，但创意从来不是天马行空，而是依托于一些设计方法。

● **联想**：是指由某个因素而想起其他相关的事物，是由此及彼的过程。联想可以说是图形创意的起点。网店美工可先将图形与商品主体产生联系，并由此发散思维，进一步塑造图形。图1-11所示为冰淇淋的商品详情页，由"生牛乳制作"的卖点联想到牛奶丝滑的质地，以及草原风光，因此在详情页中加入相关元素。

图1-11　冰淇淋的商品详情页

● **象征**：是指在法律规定或者约定俗成的情况下，用具体的图形来象征另一种事物，从而表现某种特殊的寓意。例如，在设计中秋节活动页面时，将月饼作为月亮进行装饰，让月饼象征满月，也具有"团团圆圆"的寓意。
● **拟人**：是指为一些动物、植物等非人的物象赋予人的思想和情感，或用人类的语言和行为来诠释隐含的现象。例如，在食品类商品中添加拟人化的表情图形，赋予食物生命，拉近消费者与商品的距离，从而促进交易。

↘ 1.2.3　文字

文字不仅可以直观地向消费者阐述商品的详细信息，引导消费者完成商品的浏览与购买，还能充当装饰元素，增强视觉效果。在设计店铺页面和美化商品图片时，网店美工根据不同的需求选择不同的字体，能让图片呈现的效果更加美观。

1. 字体的选择

不同的字体具有不同的性格特征，网店美工在选择字体时需要根据商品的特征和画面的整体风格来选择对应的字体。

- **黑体**：黑体又称方体或等线体，笔画粗细一致，字体粗壮有力、突出醒目，商业气息浓厚，常在促销广告、导航条，或者车、剃须刀、重金属、摇滚、足球等商品的宣传图片设计中使用。图1-12所示为标题文字应用黑体的效果展示。
- **书法体**：书法体指书法风格的字体，包括篆书体、隶书体、草书体、楷书体和行书体5种字体。书法体具有古朴秀美、历史悠久的特征，常在古玉、茶叶、笔墨、书籍等古典气息浓厚的店铺设计中使用，如图1-13所示。

图1-12　黑体

图1-13　书法体

- **宋体**：宋体是设计店铺画面时应用较广泛的字体，其笔画横细竖粗，起点与结束点有额外的装饰部分，其外形纤细优雅、结构严谨，体现浓厚的文艺气息，常在家居、服装和家电类目的店铺设计中使用。图1-14所示为宋体在某家居店铺首页中的应用。
- **美术体**：美术体指具有明显艺术特征和一些特殊的印刷用字体，一般是为了美化版面而采用。美术体的笔画和结构大多进行了一些形象化处理，主要用在艺术品、学习用品店铺的全屏海报和模板标题部分，如图1-15所示。此外，美术体还指用花瓣、树枝等拼凑成的各种图形化的字体，其装饰作用较强，可有效提升店铺的艺术品位和格调。

图1-14　宋体

图1-15　美术体

2. 文字的布局技巧

网店美工在确定字体后，还需要布局文字，将文字放置在合适的位置。文字布局很重要，可以让画面更加美观。网店美工在布局文字时可以参考以下技巧。

- **提升文字的可读性**：文字可以直接向消费者传达商品信息，因此，网店美工在进行网店的视觉设计时，可通过加粗、放大文字，以及选择合适的文字颜色来增强文字的存在感，使消费者能够更加轻松地阅读文字。图1-16所示为"北鼎"店铺首页的海报，首先通过深色文字突出商品的名称、卖点和价格，再使用红色底纹提升白色文字的可读性，使画面上的文字都清晰可见。

图1-16　"北鼎"店铺首页的海报

- **把握文字的关联性**：是指通过文字的字体、粗细、大小和颜色的搭配组合，或者将有联系的文字分组排列，给消费者带来关联感。例如，商品详情页中焦点图、功能描述图、信息展示图等各模块的标题一般会采用相同的字体，让各模块之间具有关联性，使整个商品详情页效果更加统一。
- **增强文字的层级感**：是指按文字信息的重要程度设置文字的显示级别，引导消费者按照设计的顺序浏览文字。通常可以先展示该商品所强调的重点，如商品卖点、优惠活动等。同样，也可以利用文字的字体、粗细、大小与颜色的对比来设计文字的显示级别。图1-17所示为花瓶商品海报，首先通过灰色大字号的标题突出商品的英文名称和卖点，然后配合绿色底纹，使用白色粗体文字传达该商品的中文名称和卖点，起到反复强调商品的名称和卖点的作用，最后使用小字号的文字叙述该商品的故事。

图1-17　花瓶商品海报

1.3　Photoshop的基本操作

为了增加消费者在店铺中的停留时间，提高商品的购买率，网店美工需要通过Photoshop制作出具有吸引力、宣传力的商品图片和画面，增加消费者的好感度和信任感，树立品牌形象，从而达到销售商品的目的。因此，网店美工需要先掌握Photoshop的基础操作。

↘ 1.3.1　设置和填充图像颜色

在Photoshop中，利用"填充"快捷键可以在当前图层或者选区内填充颜色，同时可以选择不同的透明度和混合模式进行颜色填充，以增强画面的视觉效果。网店美工运用该命令前，需要先设置Photoshop中的前景色和背景色。

1. 设置前景色与背景色

Photoshop工具箱中的■按钮用于设置前景色和背景色。其中，背景色相当于一张商品图片的底色（默认为白色），前景色相当于在底色上作画的颜色（默认为黑色），例如，设置背景色为黑色，前景色为白色，再输入任意一个文字，最终效果为白色的文字显示在黑色底色上。

单击工具箱底部前景色与背景色对应的色块可打开"拾色器"对话框，如图1-18所示，在其中选择需要的颜色，最后单击 确定 按钮完成设置。

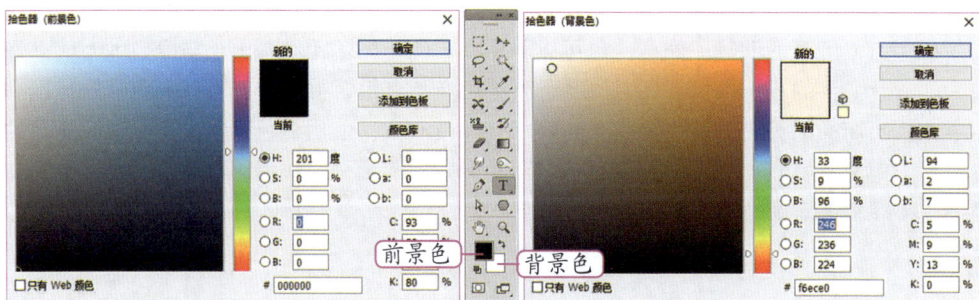

图1-18　设置前景色和背景色

经验之谈

单击"默认前景色和背景色"按钮 ▣，或者按【D】键，可恢复为默认的前景色与背景色；单击"切换前景色与背景色"按钮 ↰，或者按【X】键，可使前景色与背景色颜色互换。

2. 通过"填充"快捷键填充图像颜色

为当前图层或选区填充颜色时，按【Alt+Delete】组合键或【Alt+Backspace】组合键，可用当前设置的前景色填充；按【Ctrl+Delete】组合键或【Ctrl+Backspace】组合键，可用当前设置的背景色填充。

↘ 1.3.2　图层的基本操作

多层图层中的内容之间呈现叠加状态，一般都先显示上方图层的内容，若上方图层无内容，则可透过上方图层展示下方图层的内容。需要注意的是，当上方图层有内容时，该内容所在的位置会遮挡下方图层同位置的内容。

图层的基本操作主要在"图层"面板中进行，选择【窗口】/【图层】命令可打开"图层"面板（见图1-19）。选择好图层后，在"图层"面板顶部的下拉列表框中可设置图层的混合模式、不透明度与填充；按住鼠标左键不放拖曳图层可移动图层的位置（即堆叠顺序）；使用"移动工具" ⊹ 拖曳图层中的图片，可移动该图片在图像编辑区中的位置；单击对应的按钮可完成图层的新建、删除、锁定、链接以及添加图层样式、添加图层蒙版等操作。

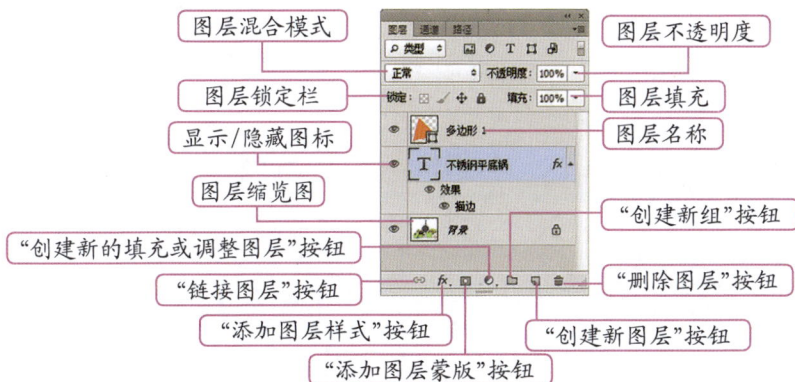

图1-19　"图层"面板中常用的功能

此外，常用的图层操作还包括以下4种。

- 复制图层：按【Ctrl+J】组合键可在选中的图层上方得到复制的新图层；拖曳图层至"创建新图层"按钮 ▣ 上，释放鼠标后可得到复制的图层。
- 合并图层：若要将多个图层上的内容合并到一个图层上，且不保留原图层，可执行合并图层命令。选择两个或两个以上要合并的图层，选择【图层】/【合并图层】命令，或按【Ctrl+E】组合键可将多个图层合并为一个图层；选择【图层】/【合并可见图层】命令，或按【Shift+Ctrl+E】组合键将合并当前所有显示的图层，其中隐藏的图层不会被合并。注意：合并后的图层名称将继承位于所选择图层顶部图层的名称。

- 盖印图层：若要将多个图层的内容合并到一个新的图层中，同时保留原来的图层不变，可执行盖印图层操作。选择多个图层，按【Ctrl+Alt+E】组合键，可将选择的图层盖印到一个新的图层中。
- 利用图层组管理图层：当图层较多时，网店美工可使用图层组分类管理图层，方便后期查找与修改。选择需要移动到同一个图层组的图层，按【Ctrl+G】组合键即可将选中的图层移动到图层组中，双击图层组名称或图层名称可重命名图层组或图层；也可先单击"创建新组"按钮 📁 新建图层组，然后再将需要移动的图层拖曳到该图层组中。

↘ 1.3.3　修改商品图片尺寸

由于不同的平台对图片尺寸的要求不同，如淘宝要求商品主图的尺寸是800像素×800像素，且拍摄的商品图片可能会因拍摄原因导致商品位置偏移等，因此网店美工需要修改商品图片的尺寸，并裁掉部分画面，使其符合使用要求。其具体操作步骤如下。

微课：修改商品图片尺寸

STEP 01 使用Photoshop打开"手持风扇.jpg"图片（配套资源:\素材文件\第1章\手持风扇.jpg），如图1-20所示。

图1-20　素材文件

STEP 02 选择"裁剪工具" 🔲 ，在工具属性栏的"裁剪方式"下拉列表框中选择"1×1（方形）"选项，此时图像编辑区中将出现正方形裁剪框，将鼠标指针移至裁剪框内，按住鼠标左键不放，拖曳裁剪框，调整裁剪框在图片中的位置，如图1-21所示。

图1-21　调整裁剪区域

STEP 03 调整完裁剪区域后按【Enter】键完成裁剪。

STEP 04 选择【图像】/【图像大小】命令，在打开的对话框中的"像素大小"下设置宽度和高度均为"800像素"，在"文档大小"下设置分辨率为"72像素/英寸"，单击 确定 按钮，如图1-22所示。

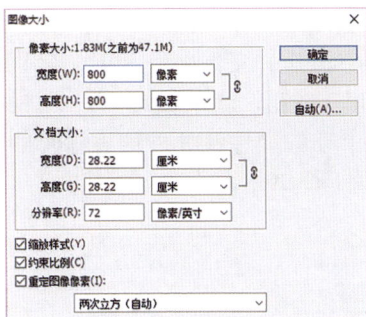

图1-22　调整图像大小

STEP 05 返回图像编辑区，发现图片变小，最后保存文件。图片效果如图1-23

所示（配套资源:\效果文件\第1章\手持风扇.jpg）。

图1-23　图片效果

经验之谈

　　若在工具属性栏的"裁剪方式"下拉列表框中选择"不受约束"选项，可自由拖曳裁剪框周围的控制点裁剪图片；若在工具属性栏的数值框中输入裁剪的宽度与高度，可按输入宽度与高度的比例裁剪图片。

↘ 1.3.4　批处理商品图片

　　在Photoshop中，批处理图片是指为图片的处理操作创建"动作"，然后利用"批处理"命令自动对其他图片进行相同处理，常用于修改图片大小、调色、添加边框或标签等操作。网店美工在装修店铺或编辑图片时，常会遇到素材图片尺寸不一的情况，为了节约修改商品图片尺寸的时间，可用"批处理"命令统一修改商品图片的尺寸，其具体操作步骤如下。

微课：批处理商品图片

STEP 01 将需要批处理的图片存放在同一个文件夹中（配套资源:\素材文件\第1章\女包\），在Photoshop中打开第一张图片"女包(1).jpg"，

STEP 02 选择【窗口】/【动作】命令，打开"动作"面板，单击"动作"面板下方的"创建新动作"按钮，如图1-24所示。

图1-24　创建新动作

STEP 03 打开"新建动作"对话框，将动作的名称修改为"尺寸"，单击

图1-25　新建动作

STEP 04 选择【图像】/【图像大小】命令，打开"图像大小"对话框，将图片宽度设置为"200像素"，此时图片高度将自动变为"200像素"，如图1-26所示，单击 确定 按钮。

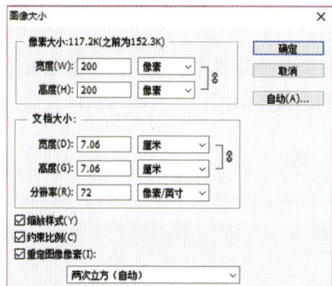

图1-26　更改图片宽度和高度

STEP 05 此时"动作"面板上出现"图像大小"命令，如图1-27所示。

STEP 06 选择【文件】/【存储为】命令，保存处理后的图片。完成文件的保存后，单击"动作"面板下方的"停止播放/记录"按钮■，完成动作的记录，如图1-28所示。

图1-27　创建的动作　图1-28　完成动作记录

STEP 07 选择【文件】/【自动】/【批

处理】命令，在"源"和"目标"下拉列表中选择"文件夹"选项，分别单击 选择(C)... 按钮，选择批量修改尺寸的图片文件所在的文件夹和处理后保存的文件夹，如图1-29所示。

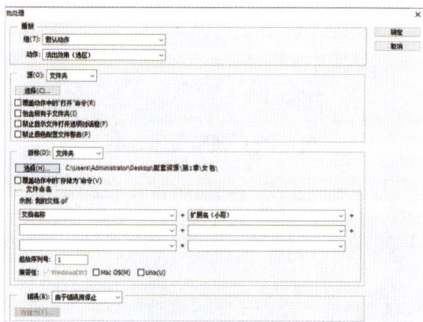

图1-29　设置批处理

STEP 08 单击 确定 按钮后Photoshop会自动导入和修改所设置文件夹中所有图片的尺寸，处理完成后，其他图片的尺寸大小则变为前面设置的图片的大小，如图1-30所示（配套资源:\效果文件\第1章\女包\）。

图1-30　查看批处理效果

经验之谈

使用"动作"面板记录动作时，一定要包含"存储为"步骤，因为"批处理"命令不会自动存储文件。

1.4　利用Photoshop抠图

　　一张优秀的商品图片可以提高商品的美观度，提高视觉展现效果，从而营造良好的销售氛围。但是在因场地或者技术限制导致商品图片效果不如人意时，网店美工可以通过抠取图片上的商品，并为其更换更为美观的背景来优化商品图片。

↘ 1.4.1　规则图像抠图

　　网店美工在抠取一些形状类似于几何图形的商品时，可通过矩形选框工具、椭圆选框工具快速创建选区进行抠图；对于边缘类似直线的规则商品，可通过多边形套索工具围绕商品边缘创建锚点，将商品所在区域创建为选区，从而完成抠图，其具体操作步骤如下。

微课：规则图像抠图

STEP 01 打开"面膜背景图.jpg"图片（配套资源:\素材文件\第1章\面膜背景图.jpg），选择"多边形套索工具" ☑，在商品左上角处单击鼠标左键确定起点，然后将鼠标指针移动到左下角处单击鼠标左键，添加第2个锚点，如图1-31所示。

图1-31　使用多边形套索工具

STEP 02 使用与STEP 01相同的方法继续沿着面膜边缘创建锚点，回到起点处再次单击鼠标左键，完成选区的创建，如图1-32所示。

图1-32　查看创建的选区

STEP 03 打开"面膜背景图.jpg"图片（配套资源:\素材文件\第1章\面膜背景图.jpg），使用"直线工具" ╱ 在图片左上方绘制直线，使用"横排文字工具" T 输入图1-33所示的文字。

图1-33　输入文字

STEP 04 切换到"面膜.jpg"文件，选择"移动工具" ⊹，将鼠标指针移动到选区内部，按住鼠标左键不放，将图像拖曳到"面膜背景图.jpg"文件中。

STEP 05 按【Ctrl+T】组合键进入自由变换状态，在按住【Shift】键的同时，向左下方拖曳右上角的控制点等比例缩小图片，然后拖曳面膜图像调整面膜的位置。调整前后对比效果如图1-34所示。

图1-34　调整图片大小与位置的对比效果

STEP 06 将鼠标指针移至面膜所在图层的缩略图处，单击鼠标左键的同时按【Ctrl】键，创建选区。

STEP 07 选择【选择】/【修改】/【收缩】命令，在打开的对话框中设置收缩量为"2像素"，单击 确定 按钮。

STEP 08 选择【选择】/【修改】/【平滑】命令，在打开的对话框中设置取样半径为"5像素"，单击 确定 按钮。按【Shift+Ctrl+I】组合键反选选区，再按【Delete】键删除选区，按【Ctrl+D】组合键取消选区，效果如图1-35所示。

图1-35　去除多余背景

STEP 09 双击面膜图像所在图层的右侧空白处，在打开的"图层样式"对话框中单击选中"投影"复选框，设置颜色为"#c29b5e"，其余参数如图1-36所示，单击 确定 按钮。

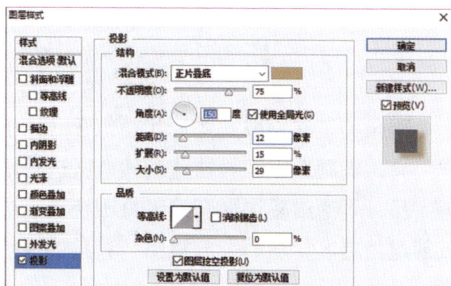

图1-36　添加"投影"图层样式

STEP 10 保存文件，最终效果如图1-37所示（配套资源:\效果文件\第1章\面膜主图.psd）。

图1-37　最终效果

↘ 1.4.2　纯色背景抠图

网店美工在抠取纯色背景的商品图片时，可使用快速选择工具拖曳鼠标指针选择所需区域，或者使用魔棒工具单击纯色背景处，再反选选区，抠取所需的商品图片，其具体操作步骤如下。

微课：纯色背景抠图

STEP 01 打开"手提包.jpg"图片（配套资源:\素材文件\第1章\手提包.jpg），选择"魔棒工具" ，在工具属性栏中设置容差为"20"，如图1-38所示。

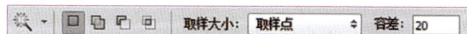

图1-38　选择魔棒工具并设置容差

STEP 02 将鼠标指针移至图像左上角的纯色背景区域，单击鼠标左键创建选区。

STEP 03 按住【Shift】键不放，再依次单击其他纯色背景区域，直至所有纯色背景被创建为选区，如图1-39所示。

图1-39 为纯色背景创建选区

STEP 04 按【Ctrl+Shift+I】组合键反选选区，再按【Ctrl+J】组合键复制选区，然后隐藏背景图层。

STEP 05 观察图像可发现手提包阴影并未被去除，以及五金处仍有残留背景，如图1-40所示。

图1-40 观察图像

STEP 06 选择"磁性套索工具" ，将鼠标指针移至右下角阴影处，围绕边缘创建选区，如图1-41所示，然后删除选区内的图像，并取消选区。

图1-41 使用磁性套索工具去除阴影

STEP 07 选择"快速选择工具" ，在工具属性栏中设置画笔大小为"10像

素"，硬度为"70%"，如图1-42所示。

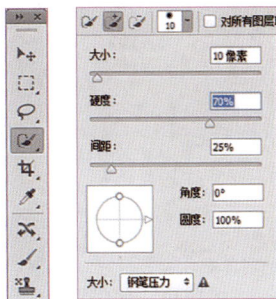

图1-42 选择"快速选择工具"并设置参数

STEP 08 将鼠标指针移至下方阴影处，按住鼠标左键不放并拖曳鼠标创建选区，再按住【Shift】键不放选择剩余区域，直至所有残留区域都被创建为选区，如图1-43所示。

图1-43 使用磁性套索工具减选选区

STEP 09 删除选区内的图像，并取消选区。使用相同的方法去除肩带五金处的残留背景。

STEP 10 将鼠标指针移至抠取后的手提包图层缩略图处，单击鼠标左键的同时按【Ctrl】键，创建选区。

STEP 11 选择【选择】/【修改】/【收缩】命令，在打开的对话框中设置收缩量为"1像素"，单击 确定 按钮，接着反选选区，再删除选区内的图像，

STEP 12 打开"手提包背景.psd"文件（配套资源:\素材文件\第1章\手提包背景.psd），再将抠取好的手提包图像移动到该文件中，调整图像的位置和大小，效果如图1-44所示。

图1-44　添加背景

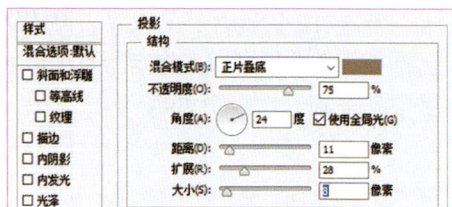

图1-45　添加"投影"图层样式

STEP 13 双击手提包图像所在图层右侧的空白处，在打开的"图层样式"对话框中单击选中"投影"复选框，设置颜色为"#a07552"，其余参数如图1-45所示，单击 确定 按钮。

STEP 14 保存文件，最终效果如图1-46所示（配套资源:\效果文件\第1章\手提包.psd）。

图1-46　最终效果

↘ 1.4.3　复杂图像抠图

微课：复杂图像抠图

当商品图片中的商品轮廓比较复杂，或背景比较杂乱，或背景与商品的边缘分界不明显时，使用以上两种抠图方法都很难得到精准的抠图效果，此时网店美工可先使用钢笔工具围绕商品轮廓勾勒路径，再将路径转化为选区，从而抠取出商品。其具体操作步骤如下。

STEP 01 打开"润肤乳.jpg"图片（配套资源:\素材文件\第1章\润肤乳.jpg），如图1-47所示。该图中瓶子与背景的颜色太过接近，且边缘模糊。

图1-47　打开素材文件

STEP 02 选择"钢笔工具" ✎ ，在工具属性栏的"工具模式"下拉列表框中选择"路径"选项。

STEP 03 将鼠标指针移至瓶盖的左上角，单击鼠标左键并拖曳鼠标指针创建锚点，重复操作绘制路径，如图1-48所示。

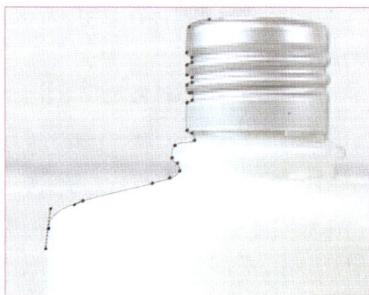

图1-48　创建锚点

在创建直线段路径时，可直接单击鼠标左键添加锚点；在创建曲线段时，需要在添加锚点后，按住鼠标左键不放的同时拖曳鼠标指针，调整路径的弧度，使其贴合商品的边缘。

按住【Ctrl】键，移动路径上的锚点调整线条位置，选中锚点，拖曳控制柄可调整曲线的弧度；释放【Ctrl】键，单击路径可添加锚点，单击已有锚点可删除锚点；按住【Alt】键，单击锚点可在平滑点与角点之间转换。

STEP 04 重回起点处的锚点时，当鼠标指针呈 状态时，单击该锚点，闭合路径，完成路径的创建，如图1-49所示。

图1-49　完成路径的创建

STEP 05 在按住【Ctrl】键的同时单击路径，即可选择路径并显示路径上的锚点，编辑路径上的锚点可使路径更加精确。由于瓶子右侧的边缘不清晰，因此可拖曳标尺创建辅助线，根据左侧边缘进行大致调整，如图1-50所示。

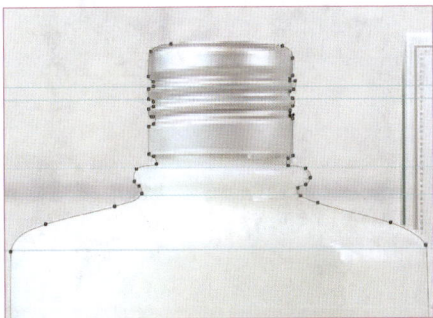

图1-50　编辑路径

STEP 06 完成路径编辑后，按【Ctrl+Enter】组合键将路径转化为选区，按【Shift+F6】组合键，在打开的对话框中设置羽化半径为"1像素"，单击 确定 按钮，如图1-51所示。

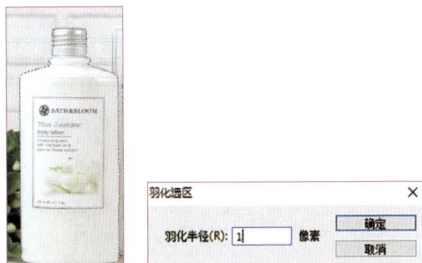

图1-51　将路径转化为选区并羽化选区

STEP 07 打开"润肤乳背景.jpg"图片（配套资源:\素材文件\第1章\润肤乳背景.jpg），将抠取好的图像移动到该文件中，并调整图像位置和大小，再将其旋转到合适方向，如图1-52所示。

图1-52　添加背景

STEP 08 选择【文件】/【置入】命令，在打开的对话框中选择"泡沫.png"素材（配套资源:\素材文件\第1章\泡沫.png），单击 置入(P) 按钮，最后调整该素材的大小与位置，如图1-53所示。

图1-53 置入素材

STEP 09 双击商品所在图层的缩略图，在打开的对话框的左侧列表中单击选中"投影"复选框，设置颜色为"#7c5c39"，其余参数如图1-54所示，单击 确定 按钮。

STEP 10 更换背景后的图片的最终效果如图1-55所示（配套资源:\效果文件\第1章\润肤乳.psd）。

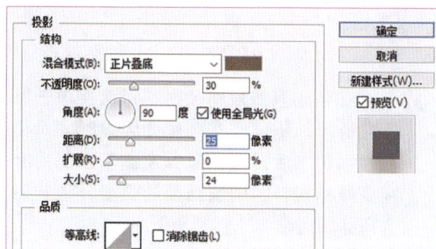

图1-54 添加"投影"图层样式

图1-55 最终效果

↘ 1.4.4 毛发抠图

当商品图片中包含头发或毛绒类商品时，采用一般的抠图方法很难完整、精准地抠取商品，并且耗时较长。此时，网店美工可利用Photoshop中的调整边缘功能进行抠取，其具体操作步骤如下。

微课：毛发抠图

STEP 01 打开"宠物.jpg"图片（配套资源:\素材文件\第1章\宠物.jpg），如图1-56所示。

STEP 02 选择"魔棒工具" ，在工具属性栏中设置容差为"20"，将鼠标指针移至背景处，按住【Shift】键不放，选择所有背景，按【Ctrl+Shift+I】组合键反选选区，效果如图1-57所示。

图1-56 素材文件　　图1-57 创建选区

STEP 03 在魔棒工具的工具属性栏中单击 `调整边缘…` 按钮，在打开的对话框中选择视图为"黑底"选项，分别设置半径、平滑、羽化、移动边缘为"200像素、80、8像素、-15%"，在"输出到"下拉列表框中选择"新建带有图层蒙版的图层"选项，如图1-58所示。

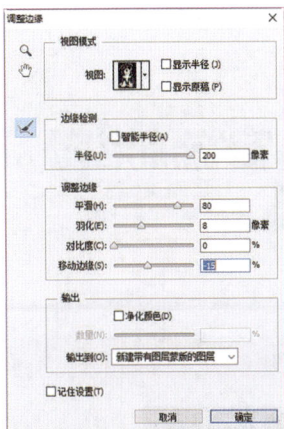

图1-58　设置"调整边缘"的参数

STEP 04 在不关闭"调整边缘"对话框的状态下，在图像编辑区中可发现毛发边缘仍残留背景图像，如图1-59所示。

图1-59　查看调整后的效果

STEP 05 在工具属性栏中设置大小为"20"，将鼠标指针移至毛发边缘与背景衔接的部分，按住鼠标左键不放并拖曳鼠标指针涂抹该部分，效果如图1-60所示。

图1-60　涂抹边缘部分

STEP 06 单击 `确定` 按钮，关闭"调整边缘"对话框，返回图像编辑区，查看新建带有涂层蒙版的图层，此时原图层已经被隐藏，如图1-61所示。

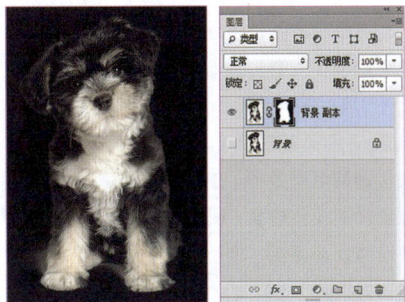

图 1-61　查看调整边缘后的抠图效果

STEP 07 设置前景色为"黑色"，选择"画笔工具" ，设置画笔大小为"50"，单击蒙版缩略图，再使用"画笔工具" 涂抹宠物周围被隐藏的部分，效果如图1-62所示。

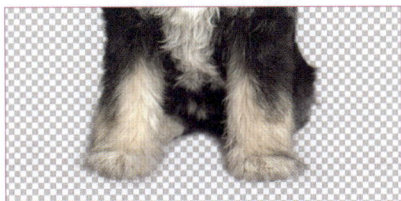

图1-62　细节修改

STEP 08 打开"宠物背景.jpg"图片（配套资源:\素材文件\第1章\宠物背景.jpg），将抠取好的图像拖曳到该文件中，如图1-63所示，调整其大小与位置。

STEP 09 为宠物所在图层添加"投影"图层样式，设置颜色、不透明度、角度、距离和大小分别为"#993351、36%、108°、17、32"，效果如图1-64所示。

图1-63 移动文件　　图1-64 添加投影

STEP 10 置入"沐浴露.png"图片（配套资源:\素材文件\第1章\沐浴露.png），调整其大小与位置。

STEP 11 保存文件，最终效果如图1-65所示（配套资源:\效果文件\第1章\宠物沐浴露.psd）。

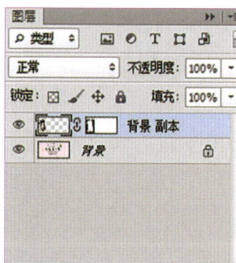

图1-65 最终效果

新手试练

请使用调整边缘功能抠取毛线帽（配套资源:\素材文件\第1章\毛线帽.jpg），然后使用画笔工具编辑蒙版，调整抠图效果，使其效果更加美观和精致。图1-66所示依次为原图、调整边缘图和效果图。

图1-66 抠取毛线帽

⬊ 1.4.5　半透明物体抠图

若需要抠取一些半透明的商品，如水杯、酒杯、婚纱、冰块、矿泉水等，只使用上述所讲的工具或功能将无法得到所要的效果。此时网店美工可结合使用钢笔工具、图层蒙版和"通道"面板等功能快速、精准地抠取半透明物体，其具体操作步骤如下。

微课：半透明物体抠图

STEP 01 打开"玻璃杯.jpg"图片（配套资源:\素材文件\第1章\玻璃杯.jpg），如图1-67所示。

STEP 02 选择"钢笔工具"，沿着玻璃杯轮廓绘制路径，按【Ctrl+Enter】组合键将路径转化为选区，按【Ctrl+J】组合键复制选区。

STEP 03 隐藏背景图层，选择"图层1"图层，选择【窗口】/【通道】命令，打开"通道"面板，选择对比度较大的"蓝"通道，单击鼠标右键，在弹出的快捷菜单中选择"复制通道"命令，再

隐藏"蓝"通道，只显示复制后的"蓝副本"通道，如图1-68所示。

图1-67　素材文件

图1-68　复制"蓝"通道

📢 经验之谈

　　选择对比度较大的通道时，可分别选择红通道、绿通道、蓝通道，在图像编辑区观察哪个通道的灰色区域较多，即对比度较大。

STEP 04 按【Ctrl+L】键打开"色阶"对话框，调整参数，如图1-69所示，然后单击 确定 按钮。

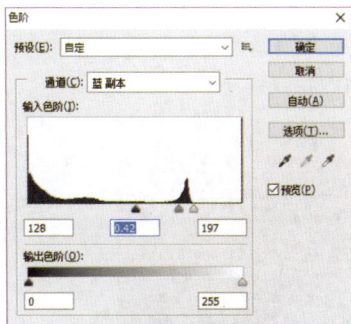

图1-69　调整色阶

STEP 05 设置前景色为"黑色"，使用

"画笔工具" ✐ 涂抹玻璃杯杯沿区域，如图1-70所示。

图1-70　涂抹玻璃杯杯沿区域

STEP 06 按【Ctrl】键的同时单击"蓝副本"通道缩略图创建选区，然后反选选区，再选择"RGB"通道，按【Ctrl+C】组合键复制通道选区。

STEP 07 返回"图层"面板，新建图层，按【Ctrl+V】组合键后调整位置，使用通道前后的对比效果如图1-71所示，可以发现玻璃杯顶部处的玻璃被还原成原色彩。

图1-71　使用通道前后的对比效果

STEP 08 打开"玻璃杯背景.jpg"图片（配套资源:\素材文件\第1章\玻璃杯背景.jpg），将抠取的玻璃杯图像拖曳到该文件中，调整位置和大小。

STEP 09 使用"直线工具" ／和"矩形工具" ▢ 绘制填充颜色为"#78562a"的直线和矩形图形。

STEP 10 选择"横排文字工具" Ｔ，设置字体为"思源宋体 CN"，输入图1-72所示的文字。

图1-72 输入文字

STEP 11 调整标题文字的字体为"站酷小薇LOGO体"，以及标题文字、活动时间文字、装饰文字的文本颜色，突出层级性。

STEP 12 为玻璃杯所在的图层添加"投影"图层效果，设置颜色、不透明度、角度、距离、扩展和大小分别为"#6d3b24、28%、99°、24像素、2%、21像素"。

STEP 13 此时玻璃杯底部的投影有些突兀。新建图层，将新建的图层移动到玻璃杯所在图层的下方。选择"画笔工具" ，设置前景色为"#78562a"，围绕玻璃杯底部绘制阴影。然后调整阴影所在图层的不透明度为"25%"，图层混合模式为"变暗"。

STEP 14 复制绘制的阴影图层，调整该图层的不透明度为"65%"，再调整阴影图像的大小。

STEP 15 保存文件并查看最终效果。最终效果如图1-73所示（配套资源:\效果文件\第1章\玻璃杯.psd）。

图1-73 最终效果

1.5 实战演练

↘ 1.5.1 美化沙发商品图片

图1-74所示为"闲在家居"拍摄的沙发商品图片。观察图片可知，图片尺寸不符合商品主图的要求，并且沙发商品不突出。网店美工可先将其调整为商品主图的尺寸，再在图片上添加文字和图形，完成该图片的美化，效果如图1-75所示。

图1-74 沙发商品图片

图1-75 美化效果

1. 设计思路

美化该商品图片的设计思路如下。

（1）裁剪商品图片，调整商品图片的尺寸。

（2）绘制图形和输入文字，丰富画面内容。

2. 知识要点

完成本例的制作需要掌握以下知识。

（1）使用"裁剪工具" 口 裁剪图像。

（2）使用【图像】/【图像大小】命令调整图像尺寸。

（3）使用"圆角矩形工具" ▢ 绘制图形，使用"横排文字工具" T 输入文字。

3. 操作步骤

以下为美化沙发商品图片的处理方法，其具体操作步骤如下。

STEP 01 打开"沙发.jpg"图片（配套资源:\素材文件\第1章\沙发.jpg）。

STEP 02 选择"裁剪工具" 口，在工具属性栏的"裁剪方式"下拉列表框中选择"1×1（方形）"选项，将鼠标指针移至裁剪框右上角，在鼠标指针变为 状态时，按住鼠标左键不放并拖曳鼠标指针，调整裁剪框在图片中的位置，如图1-76所示。

图1-76　调整裁剪框在图片中的位置

STEP 03 按【Enter】键确认裁剪。选择【图像】/【图像大小】命令，打开"图像大小"对话框，设置宽度为"800像素"，如图1-77所示，单击 确定 按钮。

STEP 04 选择"横排文字工具" T，设置字体为"站酷文艺体"，字体大小为"96点"，文本颜色为"白色"，输入

"闲在家居"文本。

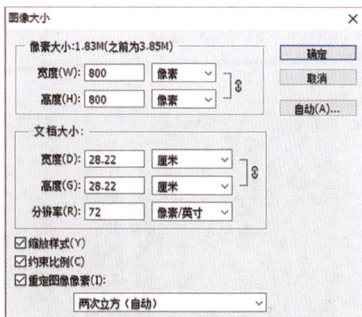

图1-77　设置"图像大小"参数

STEP 05 调整字体为"思源宋体 CN"，依次输入"—多色可选—""立即选购≫"文本，并调整字体大小，效果如图1-78所示。

图1-78　输入文字后的效果

STEP 06 选择"圆角矩形工具" ▭ ，设置填充色为"白色"，围绕"立即选购≫"文本绘制圆角矩形，然后修改文本颜色为"#ce2714"，再将绘制的图形所在的图层移至该文本图层下方。

STEP 07 完成本例的制作，最终效果如图1-79所示（配套资源:\效果文件\第1章\沙发.psd）。

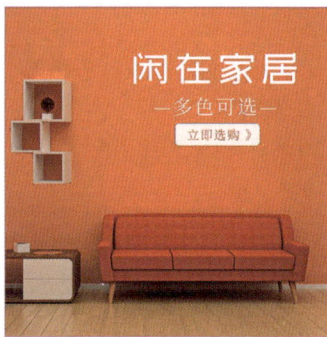

图1-79　最终效果

↘ 1.5.2　为保温杯更换背景

图1-80所示为保温杯商品图片。商家在拍摄时，虽然已经为其布置场景，但是这导致后期添加卖点文字和商品介绍时的布局受到限制。网店美工可先为保温杯创建选区，更换符合后期制作需要的背景，然后添加卖点文字和装饰元素，丰富画面的视觉效果。参考效果如图1-81所示。

图1-80　保温杯商品图片

图1-81　参考效果

1. 设计思路

该商品图片中的保温杯位于图片中心，限制文字和装饰元素的添加范围，并且左侧的文字较为明显，容易分散消费者的注意力，因此本例需将其背景更改为简洁的背景。为保温杯更换背景的设计思路具体如下。

（1）将保温杯图像从原商品照片中抠取出来。

（2）为抠取的保温杯图像更换背景，并添加卖点文字和装饰元素。

微课：为保温杯更换背景

2. 知识要点

完成本例更换背景的制作，需要掌握以下知识。

（1）使用"快速选择工具" ▨ 为保温杯图像创建选区。

（2）收缩保温杯选区边缘，复制选区。

（3）使用"画笔工具" ✎为保温杯绘制阴影。

（4）使用"圆角矩形工具" ◉绘制图形，使用"横排文字工具" T 输入文字。

3. 操作步骤

下面为保温杯更换背景，其具体操作步骤如下。

STEP 01 打开"保温杯.jpg"图片（配套资源:\素材文件\第1章\保温杯.jpg），选择"快速选择工具" ✎，在工具属性栏中设置画笔大小为"15"，硬度为"70%"，间距为"25%"，将鼠标指针移至保温杯图像上，拖曳鼠标指针为其创建选区，如图1-82所示。

图1-82　创建选区

STEP 02 选择【选择】/【修改】/【收缩】命令，打开"收缩选区"对话框，设置收缩量为"2像素"，单击 确定 按钮。

STEP 03 按【Ctrl+J】键复制选区，打开"保温杯背景.psd"文件（配套资源:\素材文件\第1章\保温杯背景.psd），然后将选区图像移至该文件中，并调整文件的大小和位置，如图1-83所示。

STEP 04 选择"画笔工具" ✎，设置画笔样式为"柔边圆"，设置前景色为"#7e5740"，创建3个图层绘制保温杯的阴影。

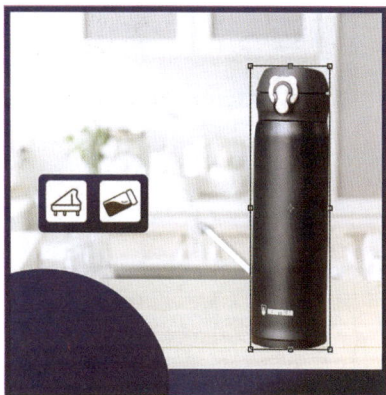

图1-83　调整图像大小和位置

STEP 05 调整第1个阴影图层的不透明度为"45%"，图层混合模式为"正片叠底"；第2个阴影图层的不透明度为"50%"，图层混合模式为"正片叠底"；第3个阴影图层的不透明度为"76%"，效果如图1-84所示。

图1-84　绘制阴影

STEP 06 选择"横排文字工具" T，设置字体为"思源宋体 CN"，文本颜色为"#322640"，输入图1-85所示的文字，并分别调整文字大小。

图1-85　输入文字（1）

STEP 07 调整文本颜色为"白色"，输入图1-86所示的文字。

图1-86　输入文字（2）

STEP 08 选择"圆角矩形工具" ，在"深深暖人心"文字处绘制填充颜色为"#eec60c"的底纹，并移动该图层到此文字图层下方。

STEP 09 调整"温暖我心"文本的

字体为"优设标题黑"，文本颜色为"#eec60c"。双击该文字图层右侧的空白处，在打开的对话框左侧单击选中"描边"复选框，在右侧设置颜色为"#333239"，大小为"2"，单击 确定 按钮，效果如图1-87所示。

图1-87　调整文字效果

STEP 10 调整"59"文本的字体为"Eras Demi ITC"。保存文件并查看完成后的最终效果，如图1-88所示（配套资源:\效果文件\第1章\保温杯.psd）。

图1-88　最终效果

课后练习

（1）本练习将先后抠取狗粮商品与小狗图片，并将其分别添加到背景图片中（配套资源:\素材文件\第1章\狗粮\）。在抠取小狗时，首先使用魔棒工具与反选功能选择小狗，然后通过调整边缘抠取小狗的毛发；在抠取狗粮时，可使用钢笔工具或者多边形套索工具，处理前后的对比效果如图1-89所示（配套资源:\效果文件\第1章\狗粮.psd）。

图1-89　处理前后的对比效果

（2）本练习将抠取自热火锅图片（配套资源:\素材文件\第1章\自热火锅.jpg），将其替换到新背景中（配套资源:\素材文件\第1章\自热火锅背景.jpg），并制作成商品主图。由于本图为纯色背景，且背景与商品边缘分界清晰，因此可使用快速选择工具选择商品图片，更换其背景，处理前后的对比效果如图1-90所示（配套资源:\效果文件\第1章\自热火锅主图.psd）。

图1-90　自热火锅商品图片处理前后的对比效果

第2篇 网店图片处理

第2章 图片调色

通常情况下，为了向消费者展示商品的真实色彩，大多数的商品图片在拍摄后不需要调色，尤其是服装类、彩妆类的商品。但由于拍摄的光线、角度、背景等不同，拍摄的商品图片可能出现曝光、偏色等问题，或者商品图片色彩不符合后期设计的需要，此时网店美工就需要针对这些问题对图片进行调色处理。

技能目标：

* 熟悉图片调色的原则
* 掌握校正商品图片偏色的方法
* 掌握调整商品图片特殊颜色的方法

素养目标：

* 加深网店美工对色彩的理解、运用能力
* 培养网店美工对色彩的感知能力和审美能力

2.1 了解图片调色

图片调色意在解决拍摄过程中因各种原因导致的商品图片昏暗、模糊、颜色黯淡等问题。网店美工要想熟练地掌握图片调色的相关知识，就需要先了解图片调色的原则，再使用Photoshop练习调整图片的亮度、对比度等的相关操作。

↘ 2.1.1 图片调色的原则

图片调色的目的是解决图片色彩本身存在的问题，因此，网店美工需要牢记以下3个原则。

- **减少偏色颜色**：在拍摄的过程中，光线或角度等会导致图片色彩出现明显偏色。网店美工应通过添加其他颜色或增加该颜色的补色来减少偏色颜色。图2-1所示的左图为某早餐机的商品图片，通过观察可看出该图片色彩明显偏红，右图为通过增加红色的补色"绿色"，减少该图片偏色颜色的效果。

图2-1 减少偏色颜色

- **遵循图片本身色调**：在拍摄商品图片时，拍摄的图片会因为当前的打光、布景、光线等原因，呈现不同的色调。网店美工应遵循商品图片本身的色调、材质进行调色。例如，图2-2所示的第1张图片为某香薰商品图片，香薰瓶身为透明的玻璃材质，将其摆放在蓝紫色光感材质的桌子上，并添加薰衣草作为装饰，拍摄的商品图片整体色调偏冷，且饱和度不足，整体观感昏暗，不够鲜亮；第2张图片是第1张图片的调色效果，在提高亮度、对比度和饱和度的基础上，添加了暖色调，如此整体观感反而变得黯淡；第3张图片则将第2张图片中的暖色调改为冷色调，贴合布景和装饰物的色彩倾向，不但提升了商品的格调，也使商品内的液体更加晶莹剔透，看上去精致高雅。

图2-2 遵循商品本身色调

● **同区域图片的色调统一**：店铺的各类页面上往往会存在很多图片，为了使该页面的划分区域一目了然，整体视觉效果美观，网店美工应通过调整该页面上同区域图片的色相、明度、饱和度等，使其色调统一。图2-3所示为某店铺首页的商品推荐区，虽然图片上的商品种类不一样，但整体色调都调整为暖色调，使消费者视觉观感更加和谐、美观。

图2-3　同区域图片的色调统一

↘ 2.1.2　使用调整图层调色

打开原始图片后，若直接使用"亮度/对比度""曲线""色阶""色彩平衡"等色彩调整命令调色，当效果不理想需要重新修改时，会发现原始图片已经改变，重新操作会影响制作效率。因此，网店美工可使用调整图层调色，这样既可以改变图片的色彩，也不会影响后期重新修改。

调整图层具有较强的灵活性，可以随时删除、修改、隐藏或显示调整效果，对于网店美工而言，掌握使用调整图层调色的方法可以有效提升制作效率。调整图层的基本操作有以下6种。

● **新建调整图层**：在"图层"面板底部单击"创建新的填充或调整图层"按钮 ⊘，在弹出的列表中选择调整命令，或选择【图层】/【新建调整图层】命令，在弹出的子菜单中选择相应的命令，都可以新建调整图层。图2-4所示为新建"自然饱和度"调整图层调整图片色彩的效果。

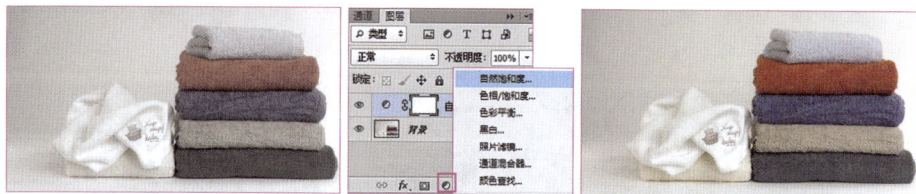

图2-4　新建调整图层

● **调整图层的应用区域**：调整图层将应用于位于其下方的所有图层，因此若需要为多个图层应用相同的调色，只需移动调整图层的位置就可改变调整图层的应用区域。图2-5所示为移动"色彩平衡"调整图层位置对整体画面的前后影响对比效果。

图2-5　调整图层的应用区域

● **控制调整范围与调整强度**：使用选区和蒙版可以控制调整图层的调整范围；使用不同颜色的画笔在调整图层上涂抹，可控制调整图层的调整强度（颜色越靠近白色，调整强度越大；越靠近黑色，调整强度越弱，这是因为白色为应用调整，黑色为不应用调整）。图2-6所示分别为对宝石创建选区，应用"色彩平衡"调整图层的调整效果，由此可见，控制调整范围后即使原图中存在同色系的颜色，也不会对其造成影响。

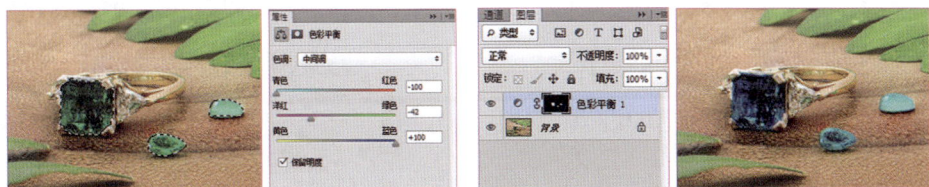

图2-6　控制调整范围与调整强度

经验之谈

　　使用蒙版调整图层的调整范围时，网店美工可先对整个图层应用调整效果，然后使用黑色画笔隐藏不需要调整色彩的部分，使其不应用调整效果。例如，调整图2-6中的宝石颜色时，可先创建"色彩平衡"调整图层，再使用黑色画笔涂抹非宝石区域，即可还原非宝石区域图像原本的色彩。

● **设置调整图层的不透明度与混合模式**：选择调整图层，设置调整图层的不透明度与混合模式，可获得特殊的调整效果。图2-7所示为在图2-6的基础上设置调整图层的混合模式（"颜色减淡"和"色相"）和不透明度后的效果。

图2-7　设置调整图层的混合模式和不透明度

● **编辑调整图层**：创建完调整图层后，双击"图层"面板中该图层的第一张缩略图，可打开"调整"属性面板，在面板中可重新设置调整参数。
● **删除调整图层**：选择调整图层，单击"图层"面板底部的"删除图层"按钮 🗑，可删除调整图层，同时也一并删除所运用的调整图层效果。

2.2 处理曝光不足或曝光过度的图片

曝光不足的图片会出现整体色调偏暗，达不到实际拍摄时的亮度，从而无法展示商品暗部区域细节的问题；而曝光过度的图片会出现整体色调过亮，导致商品高光区域无法展示细节的问题。网店美工遇到存在该类问题的图片时，可以利用Photoshop中的"亮度/对比度""色阶""曲线"等调整命令快速解决图片曝光不足或曝光过度的问题。

↘ 2.2.1 提高图片的亮度与对比度

提高亮度是指提高图片整体色彩的亮度，从而使图片的暗部区域的细节能够展现出来。提高对比度是指提高图片明暗区域中较亮的白色和较暗的黑色之间的差异程度，明暗区域的差异程度越大，图片对比度越高。提高图片的亮度与对比度，可提高图片的视觉观感，其具体操作步骤如下。

微课：提高图片的亮度与对比度

STEP 01 打开"女鞋.jpg"图片（配套资源:\素材文件\第2章\女鞋.jpg），如图2-8所示。观察可知，该图片亮度偏暗，光线感层次不清，画面效果偏脏。

图2-9 提高亮度/对比度

> 📢 **经验之谈**
>
> 在"属性"面板中单击 **自动** 按钮可自动将图片中较深的颜色加强为黑色，较亮的颜色加强为白色，从而快速提高图片的对比度。

图2-8 素材文件

STEP 02 在"图层"面板底部单击"创建新的填充或调整图层"按钮 ◯，，在弹出的快捷菜单中选择【亮度/对比度】命令，在打开的"属性"面板中设置亮度、对比度分别为"97、-6"。此时，"图层"面板上将自动出现调整图层，如图2-9所示。

STEP 03 查看调整后的效果，然后保存文件。最终效果如图2-10所示（配套资源:\效果文件\第2章\帆布鞋.psd）。

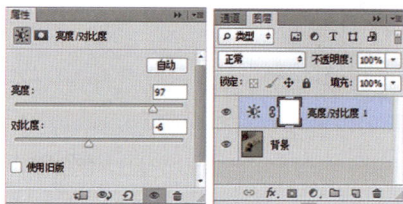

图2-10 最终效果

2.2.2 调整图片的高光、阴影与中间调

高光是指图片中色彩较亮的区域，阴影是指图片中色彩较暗的区域，中间调是指图片中除高光和阴影外的其他区域。调整高光、阴影与中间调，可以增加图片的层次感，合理分布图片的光影。网店美工可分别利用"色阶""曲线"与"阴影/高光"命令来调整图片的高光、阴影与中间调区域。

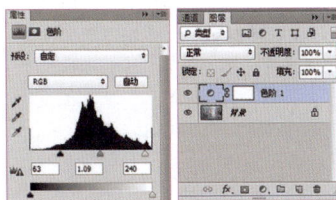

微课：使用"色阶"命令调整

1. 使用"色阶"命令调整

使用"色阶"命令可以精确地调整图片的中间色与对比度，达到调整图片的曝光度、增加明暗对比的目的，其具体操作步骤如下。

STEP 01 打开"全屋定制.jpg"图片（配套资源:\素材文件\第2章\全屋定制.jpg），如图2-11所示。观察可知该图片色彩昏暗，无层次感。

图2-11 素材文件

STEP 02 选择【图层】/【新建调整图层】/【色阶】命令，在打开的对话框中，单击 确定 按钮，在打开的"属性"面板中设置左侧滑块值、中间滑块值、右侧滑块值分别为"63、1.09、240"，如图2-12所示。

图2-12 调整色阶

经验之谈

调整色阶参数的方法除了直接在数值框中输入数值以外，也可以通过左右滑动直方图下方3个不同颜色的三角形滑块调整数值，它们从左到右分别代表左侧滑块值、中间滑块值和右侧滑块值。

经验之谈

在色阶的直方图中，左侧滑块为黑色三角形，表示暗调；中间滑块为灰色三角形，表示中间调；右侧滑块为白色三角形，表示高光。若直方图内的黑色像素集中在左侧，表示图片偏暗；集中在右侧，表示图片偏亮；集中在中间，表示图片明暗对比不足；集中在两边，表示图片明暗对比太强烈。

STEP 03 调整色阶后的图片明暗对比效果增强、清晰度增加，如图2-13所示。

图2-13 调整色阶后的效果

STEP 04 选择【图层】/【新建调整图层】/【曝光度】命令，在打开的对话框中单击 确定 按钮，在打开的"属性"面板中按照图2-14所示设置曝光度、位移、灰度系数校正。

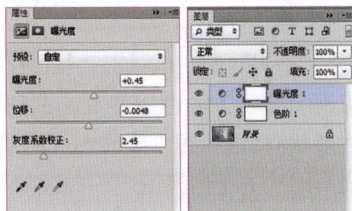

图2-14 增加曝光度

STEP 05 调整曝光度后的图片，明暗对比更加鲜明，亮度得到了增强，展现了房间的通透感，并且从窗户光源处到室内的光线逐渐变少，增加画面的空间感。最终调整效果如图2-15所示（配套资源:\效果文件\第2章\全屋定制.psd）。

图2-15　最终调整效果

新手试练

请先调整上衣图片（配套资源:\素材文件\第2章\上衣.jpg）的亮度与对比度，然后利用"色阶"命令调整明暗对比，重点从背景中突出服装的轮廓，使调整后的服装更加清晰，调整前后对比效果如图2-16所示。

图2-16　调整明暗对比前后的对比效果

2. 使用"曲线"命令调整

通过"曲线"命令可调整图片色彩、亮度和对比度，使图片更具质感。网店美工可选择【图层】/【新建调整图层】/【曲线】命令，在打开的"属性"面板中通过拖曳RGB通道的曲线快速完成调整。调整过程中可在曲线上单击鼠标左键添加新控制点，准确控制曲线的弧度。图2-17所示为打开面板后的初始状态和添加控制点后的状态。

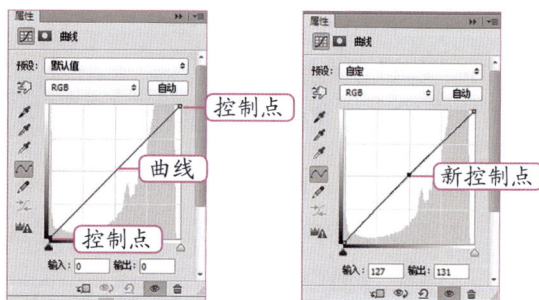

图2-17　初始状态和添加控制点后的状态

经验之谈

曲线左下角的控制点用于控制图片的亮度，向上拖曳可提高亮度，向右拖曳可降低亮度；右上角的控制点用于控制对比度，向左拖曳可降低对比度，向下拖曳可提高对比度。

（1）不同的曲线形状对亮度/对比度的效果影响

使用"曲线"命令调整时，曲线的形状直接影响调整后的亮度/对比度的效果。常见的曲线形状有S形曲线（提高图片的对比度）、反S形曲线（降低图片的对比度）、曲线向上（提高图片的整体亮度）、曲线向下（降低图片的整体亮度），如图2-18所示。

① S 形曲线（提高图片的对比度）

② 反 S 形曲线（降低图片的对比度）

③ 曲线向上（提高图片的整体亮度）

④ 曲线向下（降低图片的整体亮度）

图2-18　不同的曲线调整对于亮度/对比度的效果影响

（2）使用高光、阴影与中间调吸管调整

在使用"色阶"命令或"曲线"命令时，在打开的"属性"面板中都会出现高光、阴影与中间调吸管。单击选择相应的吸管后，可吸取图片中高光、阴影和中间调区域的像素。然后，Photoshop将根据吸取的像素自动调整图片的亮度与对比度，具体操作步骤如下。

微课：使用高光、阴影与中间调吸管调整

STEP 01 打开"风衣.jpg"图片（配套资源:\素材文件\第2章\风衣.jpg），如图2-19所示。该图片整体偏暗，并且风衣色彩不够鲜亮。

STEP 02 选择【图层】/【新建调整图层】/【曲线】命令，在打开的对话框中单击 **确定** 按钮，在打开的"属性"面板中单击"在图像中采样以设置黑场"按钮 ，然后单击模特左腿的裤子部分，如图2-20所示。

STEP 03 调整图片暗部效果如图2-21所示，画面整体色调微微呈现紫红色调。

STEP 04 单击"在图像中采样以设置灰场"按钮 ，然后单击墙面，如图2-22所示，自动调整图片中间调，观察可知画

面整体呈现蓝色调。

STEP 05 单击"在图像中采样以设置白场"按钮 ，单击模特所穿的白色鞋子，自动调整图片高光，如图2-23所示，观察可知图片整体变亮，并且对比度有所提高。

图2-19　素材文件　　图2-20　吸取阴影处像素

图2-21　调整图片暗部效果

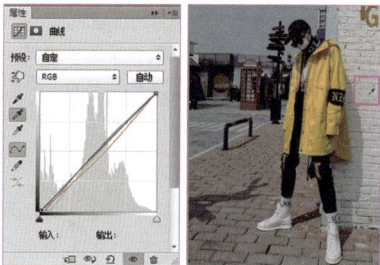

图2-23　调整图片高光效果

STEP 06 保存文件（配套资源:\效果文件\第2章\风衣.psd）。

图2-22　调整图片中间调效果

经验之谈

位于曲线上方显示"RGB"的下拉列表框为"通道"下拉列表框，用于选择要调整颜色的通道，包括默认的RGB通道，以及红、绿、蓝通道。网店美工可利用该功能控制曲线调整颜色的范围。

3. 使用"阴影/高光"命令调整

"阴影/高光"命令的功能不仅是简单地提亮或变暗图片，而是通过阴影或高光区域的像素色调修复图片中过亮或过暗的区域，从而使图片尽量显示更多的细节。网店美工可使用该命令修复有逆光问题或者由于过于接近相机的闪光灯而导致存在发白焦点的图片，其具体操作步骤如下。

微课：使用"阴影/高光"命令调整

STEP 01 打开"盘子.jpg"图片（配套资源:\素材文件\第2章\盘子.jpg），如图2-24所示。

图2-24　素材文件

STEP 02 观察图片可知，该图片由于底部盘子反射相机闪光灯的光线，导致内部的细节缺失，且全部盘子的边缘与背景分界不清晰，视觉效果不美观。

STEP 03 由于"阴影/高光"命令无法使用调整图层进行调整，为了不破坏原图，按【Ctrl+J】组合键复制图层。

STEP 04 选择复制的图层，选择【图像】/【调整】/【阴影/高光】命令，打开"阴影/高光"对话框，单击选中"显示更多选项"复选框，在"阴影"下设置数量、色调宽度、半径分别为"44%、38%、59像素"，在"高光"下设置数量、色调宽度、半径分别为"24%、45%、43像素"，在"调整"下设置颜色校正、中间调对比度分别为"+21、-16"，如图2-25所示，单击 **确定**

按钮。

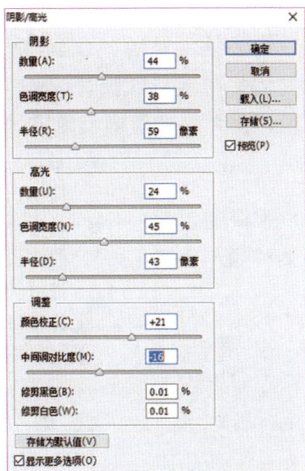

图2-25　设置"阴影/高光"参数

经验之谈

"数量"用于设置阴影和高光的变亮程度；"色调宽度"用于控制阴影和高光的色彩修改范围；"半径"用于控制每个像素周围相邻像素的大小。

STEP 05 查看图片调整后的效果，如图2-26所示。

图2-26　图片调整后的效果

STEP 06 复制调整后的图层，并创建"曲线"调整图层，向下拖曳曲线降低图片的亮度。

STEP 07 设置前景色为"黑色"，选择"画笔工具" ，设置画笔样式为"柔边圆"，单击调整图层的蒙版缩略图，然后在底部盘子以外的区域涂抹，效果如图2-27所示。

图2-27　控制调整范围

STEP 08 设置调整图层的图层混合模式为"线性加深"，图层不透明度为"21%"，保存文件。调整后的效果如图2-28所示（配套资源:\效果文件\第2章\盘子.psd）。

图2-28　图片调整后的效果

2.3　调整图片色调

调整图片色调的方式为图片偏色校正与图片特殊颜色调整。其中，图片偏色校正指恢复商品的原本色彩，减小图片颜色与商品真实颜色的差异；图片特殊颜色调整指改变原图色彩效果，制作成具有特殊风格的图片。

↘ 2.3.1 图片偏色校正

图片偏色问题十分常见，如在阴天拍摄的图片，其色彩会偏淡蓝色，在室内钨丝灯光下拍摄出来的图片，其色彩会偏黄，而拍摄场景周围的物体也可能导致图片偏色。为避免消费者质疑商品的真实色彩，网店美工需要校正偏色的图片，力求还原商品真实的状态。

1. 使用"色相/饱和度"命令校正单种颜色

"色相/饱和度"命令可以调整图片的整体色相、饱和度、亮度，从而改变图片色彩，常被用于处理图片中不协调的某种颜色，其具体操作步骤如下。

微课：使用"色相/饱和度"命令校正单种颜色

STEP 01 打开"茶叶.jpg"图片（配套资源:\素材文件\第2章\茶叶.jpg），如图2-29所示。观察可知，画面整体颜色明显发红。

STEP 02 选择【图层】/【新建调整图层】/【色相/饱和度】命令，在打开的对话框中单击 确定 按钮，打开"属性"面板，在 按钮右侧的下拉列表框中选择"红色"选项，在"色相、饱和度、明度"数值框中分别输入"+36、-20、-20"，如图2-30所示，减少画面中的红色调，效果如图2-31所示。

STEP 03 在 按钮右侧的下拉列表框中选择"洋红"选项，在"色相""饱和度""明度"数值框中分别输入"-33、-62、-10"，减少背景布上残留的红色。

STEP 04 在 按钮右侧的下拉列表框中选择"黄色"选项，在"色相""饱和度""明度"数值框中分别输入"+34、+38、+12"，补足左侧茶盏和右侧竹叶的绿色，效果如图2-32所示。

图2-31 效果展示　　图2-32 最终效果

STEP 05 保存文件（配套资源:\效果文件\第2章\茶叶.psd）

图2-29 素材文件　　图2-30 调整参数

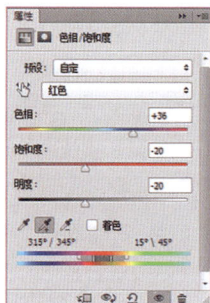

2. 使用"色彩平衡"命令校正图片颜色

"色彩平衡"命令可以更改图片整体颜色的混合程度，多用于调整明显偏色的图片，其具体操作步骤如下。

微课：使用"色彩平衡"命令校正图片颜色

STEP 01 打开"桂花糕.jpg"图片（配套资源:\素材文件\第2章\桂花糕.jpg），如图2-33所示。该图片颜色整体偏暖色调，且有些刺眼，因此需要为画面中添加冷色调来平衡整个画面效果。

图2-33　素材文件

STEP 02 选择【图层】/【新建调整图层】/【色彩平衡】命令，在打开的对话框中单击 [　确定　] 按钮，打开"属性"面板，在"色调"下拉列表框中选择"中间调"选项，再在"青色-红色、洋红-绿色、黄色-蓝色"的数值框中分别输入"-20、+2、+13"，减少图片中的红色，增加绿色，如图2-34所示。

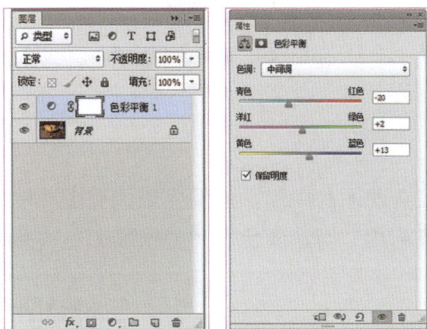

图2-34　调整中间调

STEP 03 在"色调"下拉列表框中选择

"阴影"选项，再在"青色-红色"数值框中输入"-3"，增加暗部的绿色；在"色调"下拉列表框中选择"高光"选项，再在"青色-红色、洋红-绿色、黄色-蓝色"的数值框中分别输入"-12、+7、-13"，如图2-35所示。

STEP 04 调整后的效果如图2-36所示（配套资源:\效果文件\第2章\桂花糕.psd）。

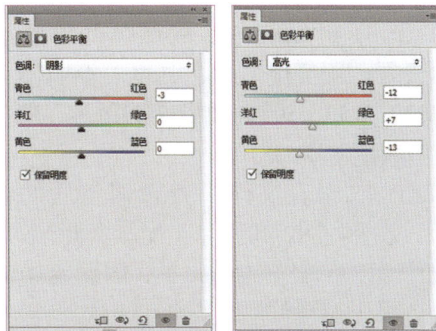

图2-35　调整阴影和高光

图2-36　最终效果

3. 使用"匹配颜色"命令校正偏色

　　"匹配颜色"命令可以快速校正图片的偏色，其具体操作步骤如下。

STEP 01 打开"眼影盘.jpg"图片（配套资源:\素材文件\第2章\眼影盘.jpg），如图2-37所示。该图片色彩偏黄。

STEP 02 按【Ctrl+J】组合键复制图层，选择复制的图层，选择【图像】/【调整】/【匹配颜色】命令，打开"匹配颜色"对

话框，单击选中"中和"复选框。

STEP 03 观察位于图像编辑区的画面，如图2-38所示，可知偏色得到校正，但各色眼影色彩不鲜亮，因此需要继续调整。

微课：使用"匹配颜色"命令校正偏色

图2-37　素材文件　　　图2-38　观察效果

图2-39　匹配颜色

STEP 04 继续在"匹配颜色"对话框中设置"明亮度、颜色强度、渐隐"为"137、150、50"，如图2-39所示，单击 确定 按钮。

STEP 05 保存文件，查看调整后的色彩，效果如图2-40所示（配套资源:\效果文件\第2章\眼影盘.psd），眼影盘中的各色眼影颜色鲜明，贴近真实的色彩效果，并且眼影盘与背景的色彩区别清晰可见。

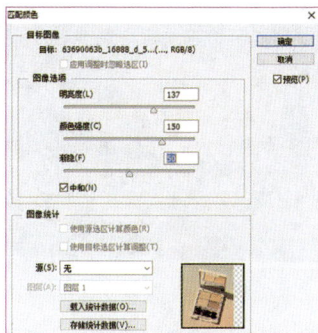

图2-40　最终调整效果

↘ 2.3.2　图片特殊颜色调整

特殊颜色调整是指为了制作不同风格的图片来更改图片中商品的颜色或调整图片的色调和颜色，以获得个性化的视觉效果。网店美工可利用"可选颜色""替换颜色""照片滤镜"命令实现图片特殊颜色调整。

1. 使用"可选颜色"命令更改单种颜色

"可选颜色"命令的原理是通过控制印刷油墨的含量来控制颜色，从而有针对性地修改图片中的某种颜色，同时不影响图片中的其他颜色，其可控的颜色包括青色、洋红、黄色和黑色。其具体操作步骤如下。

微课：使用"可选颜色"命令更改单种颜色

STEP 01 打开"单肩包.jpg"图片（配套资源:\素材文件\第2章\单肩包.jpg），如图2-41所示。

STEP 02 选择【图层】/【新建调整图层】/【可选颜色】命令，在打开的对话框中单击 确定 按钮，在打开的"属性"面板中设置"青色、洋红、黄色、黑色为"-62%、-29%、-74%、+34%"，如图2-42所示。

图2-41　素材文件

图2-42　调整单肩包颜色

STEP 03 调整后的背景颜色与原图相比较淡，需要补足黄色。在"颜色"下拉列表框中选择"黄色"选项，设

置黄色为"+80%"，如图2-43所示。

图2-43　补充背景颜色

STEP 04 保存文件，完成颜色的调整（配套资源:\效果文件\第2章\单肩包.psd）。

2. 使用"替换颜色"命令替换颜色

使用"替换颜色"命令可以将图片中所选择的颜色替换为其他颜色，并且调整选中颜色的色相、饱和度和亮度。网店美工可以利用该命令，完成同款不同色商品图片的调整，减少同质工作的时间，其具体操作步骤如下。

微课:使用"替换颜色"命令替换颜色

STEP 01 打开"拖鞋.jpg"图片（配套资源:\素材文件\第2章\拖鞋.jpg），观察发现拖鞋阴影也受拖鞋颜色影响，带有绿色。

STEP 02 按【Ctrl+J】组合键复制图层，选择复制的图层，使用"快速选择工具" 为拖鞋及阴影创建选区，在创建过程中，按住【Shift】键可加选选区，按住【Alt】键可减选选区，避免选中白色背景，如图2-44所示。

颜色】命令，打开"替换颜色"对话框，单击选中"图像"单选项，设置颜色容差为"200"，将鼠标指针移至拖鞋处，单击鼠标左键吸取颜色。接着在"替换"下设置"色相、饱和度、明度"分别为"-64、+2、+15"，如图2-45所示，单击 确定 按钮。

图2-44　创建选区

STEP 03 选择【图像】/【调整】/【替换

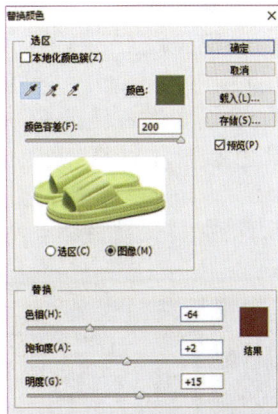

图2-45　设置替换颜色

STEP 04 此时，拖鞋已经由荧光绿变为橙黄色，按【Ctrl+D】组合键取消选区，最终效果如图2-46所示（配套资源:\效果文件\第2章\拖鞋.psd）。

图2-46　最终效果

3. 使用"照片滤镜"命令调整特殊色调

使用"照片滤镜"命令可为整张图片添加特殊的色调，其具体操作步骤如下。

STEP 01 打开"街拍.jpg"图片（配套资源:\素材文件\第2章\街拍.jpg），如图2-47所示。观察图片可知，图片呈现偏橙色的暖色调。

微课：使用"照片滤镜"命令调整特殊色调

图2-47　素材文件

STEP 02 选择【图层】/【新建调整图层】/【照片滤镜】命令，在打开的对话框中单击 确定 按钮，在打开的"属性"面板中单击选中"颜色"单选项，然后单击颜色右侧的色块，在打开的"拾色器"对话框中设置颜色为"#1e64e5"，单击 确定 按钮，再设置浓度为"52%"，如图2-48所示。

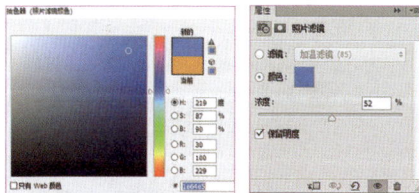

图2-48　设置参数

STEP 03 保存文件，图片调整效果如图2-49所示（配套资源:\效果文件\第2章\街拍.psd），调整后全图增加了蓝色调，使画面有一种典雅、沉静的氛围。

图2-49　最终效果

设计素养

网店美工在进行图片的特殊颜色调整时，应该先确认该图片的用处，若用在详情页的商品颜色展示区，则不建议调整，这是因为商品颜色展示区应该为消费者展示较为真实的商品色彩，避免售后纠纷；若使用在首页页面的Banner、海报处，则可以大胆发挥创意，为消费者带来一场视觉盛宴。总之，商品图片的调色应在还原商品真实颜色以及适合该图片的用途上进行。

2.4　实战演练

↘ 2.4.1　童装连衣裙调色

　　图2-50所示为某童装店铺拍摄的商品图片，观察图片可知，图片曝光不足，颜色稍显暗淡，并且背景单一，不够美观。网店美工可以适当调整色彩与光线，提高图片的对比度与饱和度，使其尽量接近商品本身的颜色，然后为其替换一张美观的背景，最终效果如图2-51所示。

图2-50　童装连衣裙　　　　图2-51　最终效果

微课：童装连衣裙调色

1. 设计思路

处理该童装图片的思路如下。

（1）首先将图片中的童装抠取出来，以方便调整童装色彩。

（2）抠取的童装整体颜色明显偏暗，需要提高亮度。

（3）童装的色彩饱和度不够、色彩暗沉，因此，网店美工需要提高童装的色彩鲜艳度。

（4）添加童装背景，美化童装图片。

2. 知识要点

完成本例的制作需要掌握以下知识。

（1）使用"快速选择工具"创建选区，羽化选区并复制选区图像。

（2）新建"亮度/对比度""色相/饱和度""曲线"调整图层。

（3）使用剪贴蒙版和调整图层的蒙版控制调整范围。

（4）添加背景和装饰，输入文字。

3. 操作步骤

为童装调色的具体操作步骤如下。

STEP 01 打开"童装连衣裙.jpg"图片（配套资源:\素材文件\第2章\童装连衣裙.jpg）。

STEP 02 选择"快速选择工具"，在工具属性栏中设置画笔大小为"23"，为连衣裙创建选区，按【Shift+F6】组合键打开"羽化选区"对话框，设置羽化半径为"0.5像素"，如图2-52所示，单击 确定 按钮。

图2-52 创建选区

STEP 03 按【Ctrl+J】组合键复制选区，新建图层并将该图层移至复制的连衣裙图层下方，设置前景色为"白色"，按【Alt+Delete】组合键填充该图层，用于观察调色效果。

STEP 04 选择【图层】/【新建调整图层】/【亮度/对比度】命令，在打开的对话框中单击 确定 按钮，在打开的"属性"面板中设置"亮度"和"对比度"分别为"39、21"，如图2-53所示，可发现图片变亮。

图2-53 调整亮度和对比度

STEP 05 选择【图层】/【新建调整图层】/【色相/饱和度】命令，在打开的对话框中单击 确定 按钮，打开"属性"面板，在 按钮右侧的下拉列表框中选择"红色"选项，在"色相""饱和度""明度"数值框中分别输入"−6、+30、+15"，如图2-54所示，还原连衣裙的粉色。

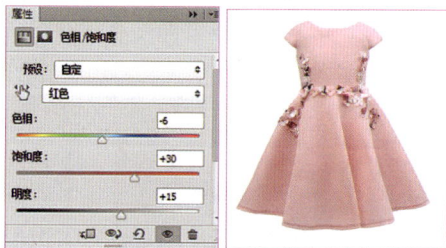

图2-54 调整色相/饱和度

STEP 06 为了让裙子的裙褶效果更加强烈，需要减弱该位置的对比度。选择【图层】/【新建调整图层】/【曲线】命令，在打开的对话框中单击 确定 按钮，打开"属性"面板，在曲线中间新建控制点并向下方拖曳，如图2-55所示。

图2-55 减弱图片的对比度

STEP 07 在"图层"面板中选择"曲线1"图层中的白色蒙版，选中蒙版后，其四角增加边框线，设置前景色为"黑色"，按【Alt+Delete】组合键将蒙版填充为"黑色"。

STEP 08 设置前景色为"白色"，选择"画笔工具"，设置画笔样式为"柔边圆"，画笔大小为"226"，不透明度为"66%"，涂抹裙褶处，效果如图2-56所示。

STEP 09 设置图层的不透明度为"35%"，选择3个调整图层，在其上单击鼠标右键，在弹出的快捷菜单中选择"创建剪贴蒙版"命令，使其只作用于"图层1"图层，如图2-57所示。

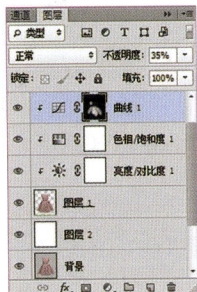

图2-56　涂抹裙褶　　图2-57　创建剪贴蒙版

STEP 10 打开"童装连衣裙背景图.jpg"图片（配套资源:\素材文件\第2章\童装连衣裙背景图.jpg），再将抠取的裙子图像连同调整图层一同移到该文件中，并调整其大小与位置，如图2-58所示。

图2-58　调整图像

STEP 11 选择"横排文字工具"，设置字体为"思源黑体 CN"，文本颜色为"#6984c4"，输入图2-59所示的文字，然后在"字符"面板中调整"簇簇花朵浪漫礼裙"文字的字体和大小，并单击"仿斜体"按钮 T 。

图2-59　输入文字

STEP 12 置入"形状装饰.png"图片（配套资源:\素材文件\第2章\形状装饰.png），调整位置和大小，再将其复制两次，调整位置和大小。

STEP 13 保存文件，效果如图2-60所示（配套资源:\效果文件\第2章\童装连衣裙.psd）。

图2-60　最终效果

↘ 2.4.2　制作颜色展示区

图2-61所示为某橙色遮阳帽的商品图片，观察图片可知，图片亮度不足，饱和度也较低，整体色彩不鲜明，背景颜色杂乱，图片效果不美观。网店美工可以先抠取遮阳帽图像，接着调整图像的亮度和对比度，然后替换遮阳帽檐和装饰矩形的色彩，以此制作出颜色展示区。最后，通过改变遮阳帽帽檐和装饰矩形的色彩，快速制作其他同款不同色商品的图像，制作后的效果如图2-62所示。

图2-61 橙色遮阳帽的商品图片　　　　图2-62 遮阳帽颜色展示区效果

微课：制作颜色展示区

1. 设计思路

依据橙色遮阳帽商品图片制作商品颜色展示区的设计思路如下。

（1）首先将橙色遮阳帽抠取出来，方便调整。

（2）调整亮度和对比度后的遮阳帽颜色与实物不符，需要调色。

（3）为调整好的遮阳帽添加背景。

（4）将橙色遮阳帽调色为紫色和绿色，制作其他部分的图像。

2. 知识要点

完成本例的制作需要掌握以下知识。

（1）新建"亮度/对比度""可选颜色"调整图层。

（2）使用"替换颜色"命令，替换遮阳帽颜色。

（3）更改装饰矩形的颜色，输入文字。

3. 操作步骤

制作遮阳帽商品颜色展示区的具体操作步骤如下。

STEP 01 打开"遮阳帽.jpg"图片（配套资源\素材文件\第2章\遮阳帽.jpg），选择"快速选择工具" ，为遮阳帽创建选区。

STEP 02 选择【选择】/【修改】/【平滑】命令，打开"平滑选区"对话框，设置取样半径为"6像素"，如图2-63所示，单击 确定 按钮。

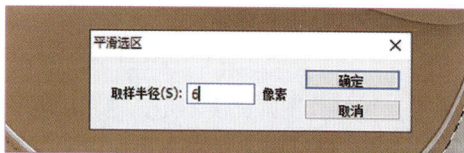

图2-63 平滑选区

STEP 03 复制选区，隐藏背景图层。选择【图层】/【新建调整图层】/【亮度/对比度】命令，在打开的对话框中单击 确定 按钮，打开"属性"面板，设置"亮度、对比度"为"52、-2"。

STEP 04 选择【图层】/【新建调整图层】/【可选颜色】命令，在打开的对话框中单击 确定 按钮，打开"属性"面板，设置参数如图2-64所示。

图2-64 调整帽檐颜色

STEP 05 将遮阳帽图层与调整图层合并，接着打开"遮阳帽颜色展示.psd"文件（配套资源:\素材文件\第2章\遮阳帽颜色展示.psd），最后将合并后的图层移至该文件图层最上方，如图2-65所示。

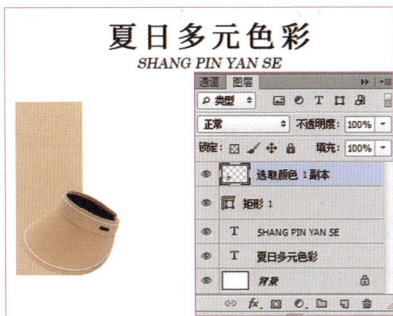

图2-65 移动图层

STEP 06 选择"矩形1、选取颜色1 副本"图层，复制两次，调整位置，如图2-66所示。

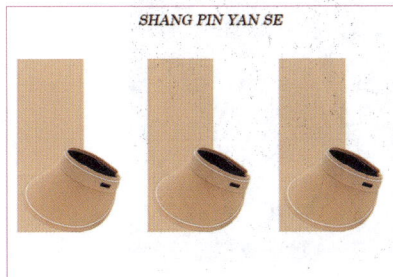

图2-66 复制图层并调整位置

STEP 07 选择中间遮阳帽所在的图层，选择【图像】/【调整】/【替换颜色】命令，打开"替换颜色"对话框，在帽檐区域单击鼠标左键吸取颜色，设置颜色容差为"200"，单击选中"选区"单选项，其他参数如图2-67所示，单击 确定 按钮。

STEP 08 双击"矩形1 副本"图层，打开"拾色器（纯色）"对话框，设置颜色为"#afacd4"，单击 确定 按钮，效果如图2-68所示。

图2-67 替换颜色

图2-68 替换中间颜色

STEP 09 按照STEP 07和步骤STEP 08的方法，将右侧遮阳帽替换颜色，设置"替换"下"色相、饱和度、明度"为"+45、-1、+10"，并修改"矩形1 副本2"图层的颜色为"#d8e5a3"，效果如图2-69所示。

图2-69 替换右侧颜色

STEP 10 选择"横排文字工具" T ，设置字体为"思源宋体 CN"，字体大小为"18点"，文本颜色为"黑色"，在3个矩形上分别输入图2-70所示的文字。

STEP 11 保存文件（配套资源:\效果文件\第2章\遮阳帽颜色展示.psd），完成颜色展示区的制作。

图2-70　输入文字

课后练习

（1）本练习将处理一张曝光不足、色彩暗淡的精油图片（配套资源:\素材文件\第2章\精油.jpg），让图片中的精油色彩鲜艳，液体晶莹剔透，视觉效果好。在处理该图片时，首先使用"曲线"命令提高图片亮度和对比度，然后使用"色相/饱和度"命令增加图片的饱和度，绿瓶的精油可单独抠取出来调整色彩，调整前后的对比效果如图2-71所示（配套资源:\效果文件\第2章\精油.psd）。

图2-71　精油图片调整前后的对比效果

（2）本练习将处理一张折叠伞图片（配套资源:\素材文件\第2章\折叠伞.jpg），处理后，图片中存在不同颜色的同款商品。在处理该图片时，首先抠选出折叠伞，然后使用"替换颜色"命令调整伞和伞柄的颜色，再使用"可选颜色"命令调整红伞的阴影、高光处。折叠伞图片调整前后的对比效果如图2-72所示（配套资源:\效果文件\第2章\折叠伞.psd）。

图2-72　折叠伞图片调整前后的对比效果

第3章 图片修饰

在网上购物时，大部分消费者都是先看商品图片再看文字内容，因此一张好的商品图片对提高商品交易的成功率有很大帮助。网店美工除了需要修改图片尺寸大小、进行调色处理外，还需要适当地修饰图片，让图片清晰美观，如去除污迹、增加金属质感、添加文本等。

技能目标：

* 掌握去除污迹的方法
* 掌握加强亮部与暗部对比的方法
* 掌握提高图片清晰度的方法
* 熟悉打磨材质表面的方法
* 掌握添加文本、形状与图案的方法

素养目标：

* 培养网店美工发现商品图片问题的能力
* 提升网店美工选择与处理商品图片的能力
* 培养网店美工分析图片色彩的能力
* 提升网店美工合成图像的能力

3.1 修饰图片

　　网店美工在修饰图片时要根据修饰的要求和目的选择不同的修饰方法，如要去除图片中的污迹，可利用内容识别填充功能和修补工具进行处理；要去除商品图片背景中多余的物体，可运用仿制图章工具对其进行涂抹处理。

↘ 3.1.1 清除图片上的污迹

　　除了天气、灯光、技术等会造成图片的视觉效果不好之外，商品本身的污渍或者拍摄环境也会导致图片不够美观，此时网店美工可利用内容识别填充功能和修补工具来对图片进行处理。现有一张随身听的商品图片，由于白色的商品容易沾染污渍，网店美工需要对其进行处理。其具体操作步骤如下。

微课：清除图片上的污迹

STEP 01 打开"随身听.png"图片（配套资源:\素材文件\第3章\随身听.png），如图3-1所示。

图3-1　素材文件

STEP 02 使用"套索工具" ρ. 为随身听右下侧污迹部分创建选区，如图3-2所示。

图3-2　创建选区

STEP 03 选择【编辑】/【填充】命令，在打开对话框的"使用"下拉列表框中选择"内容识别"选项，单击 确定 按钮，如图3-3所示。

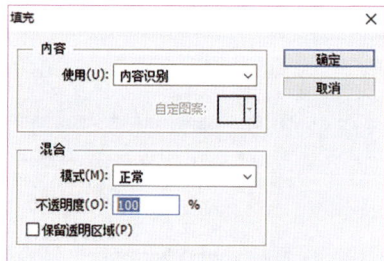

图3-3　内容识别填充

STEP 04 返回工作界面查看污迹被清除后的效果，如图3-4所示。

图3-4　污迹被清除后的效果

STEP 05 使用相同的方法为随身听上

方的污迹部分创建选区，使用"内容识别"填充功能清除污迹，若清除不到位，可选择"修补工具"🔲，将选区拖动到污迹右侧，即可覆盖并清除污迹，如图3-5所示。

存图像。

图3-5　拖曳选区

STEP 06 污迹被清除后的效果如图3-6所示（配套资源:\效果文件\第3章\随身听.png），完成后按【Ctrl+S】组合键保

图3-6　最终效果

↘ 3.1.2　去除背景中多余的物品

　　网店美工在处理背景较复杂的图片时，若需要去除背景中多余的物品，采用前面的方法可能并不能达到理想的效果，此时可结合仿制图章工具进行修复。例如，手拿商品拍照时，网店美工需要去除图片中的手，以便于完整地展示商品。其具体操作步骤如下。

微课：去除背景中
多余的物品

STEP 01 打开"便携榨汁机.jpg"图片（配套资源:\素材文件\第3章\便携榨汁机.jpg），如图3-7所示，按【Ctrl+J】组合键复制图层。

STEP 02 使用任意选区创建工具沿着榨汁机下方手握位置创建选区，选择"仿制图章工具"🔧，按【 [】键或【] 】键调整印章大小，按【Alt】键在手上方的空白背景处取样，释放【Alt】键在选区内涂抹，在涂抹过程中可以不断取样背景上的区域，从而去除背景中的手，如图3-8所示。

图3-7　素材文件

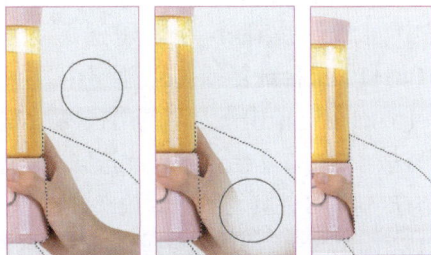

图3-8　去除便携榨汁机外面的手

STEP 03 使用相同的方法在便携榨汁机右下侧区域创建选区，按【Alt】键在便携榨汁机粉色以及高光部分取样，在选区内涂抹，在涂抹过程中可以不断调整印章大小，如图3-9所示。

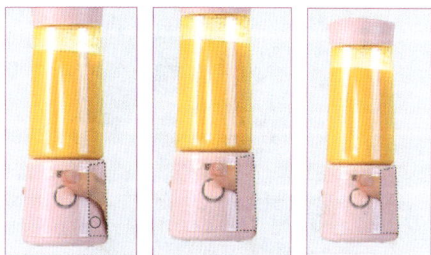

图3-9　去除便携榨汁机下方的手

STEP 04 选择"仿制图章工具" ，按【 [】键或【] 】键调整其大小，按【Alt】键在便携榨汁机高光部分取样，释放【Alt】键在手指遮挡的高光处涂抹，如图3-10所示。

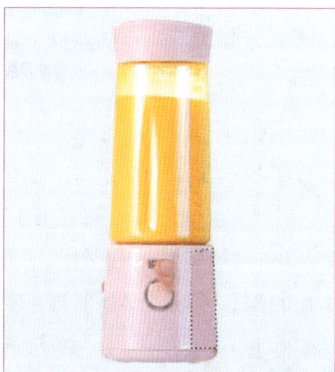

图3-10　恢复便携榨汁机的高光部分

STEP 05 选择"多边形套索工具" ，在中间圆形按钮下方创建选区，按【Ctrl+J】组合键复制选区到新图层上，按【Ctrl】键单击图层缩略图，载入选区，按【Ctrl+T】组合键进入选区编辑状态，旋转选区使其与按钮残缺部分重叠，完成后再次使用"仿制图章工具" 涂抹，使其更加自然，如图3-11所示。

图3-11　去除按钮上的手指

STEP 06 继续按【Alt】键在便携榨汁机左侧边缘相似处取样，释放【Alt】键在选区位置涂抹，在涂抹过程中可以不断取样周围的图片，去除便携榨汁机左侧残余的手指，效果如图3-12所示（配套资源:\效果文件\第3章\便携榨汁机.psd）。

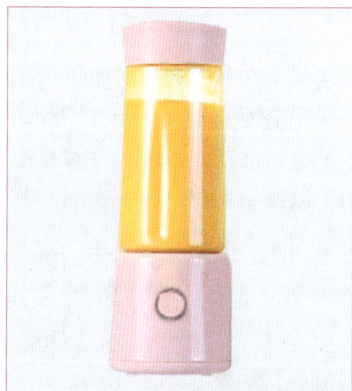

图3-12　最终效果

新手试练

请使用仿制图章工具去除便携榨汁机周围的杂物，去除杂物前后的效果如图3-13所示（配套资源:\素材文件\第3章\榨汁机.psd）。

图3-13　去除杂物前后的效果

↘ 3.1.3　加强亮部与暗部的对比

在拍摄商品图片时，由于打光不均的关系，往往会出现明暗关系不明显的情况，此时网店美工可对图片的颜色进行明暗的调整，一般可通过加深工具和减淡工具来调整，增加商品图片的暗部对比度。其具体操作步骤如下。

微课：加强亮部与暗部的对比

STEP 01 打开"化妆水.jpg"图片（配套资源:\素材文件\第3章\化妆水.jpg），如图3-14所示，按【Ctrl+J】组合键复制图层。

图3-14　素材文件

STEP 02 选择"加深工具" 🔘，在工具属性栏中的"范围"下拉列表框中选择"阴影"，设置曝光度为"40%"，按【[】键或【]】键调整画笔大小，涂抹图片中背景部分，如图3-15所示。

STEP 03 选择"减淡工具" 🔍，在工具属性栏中的"范围"下拉列表框中选择"中间调"，设置曝光度为"30%"，按【[】键或【]】键调整画笔大小，涂抹图片中的化妆水，提亮商品，如图3-16所示。

图3-15　加深图片背景　　图3-16　减淡商品

STEP 04 打开"调整"面板，单击"色阶"按钮🖼️，打开"色阶"属性面板，设置色阶值分别为"20""1.30""220"，如图3-17所示，完成后保存图片（配套资源:\效果文件\第3章\化妆水.psd）。

图3-17　调整色阶

↘ 3.1.4　提高图片清晰度

商家在拍摄商品图片时，有时会由于一些镜头的问题，使拍摄出来的照片模糊，展现

不出商品的质感。例如，对于猫咪衣服的图片，由于体现不出猫咪的绒毛感，以及衣服的特征与质感，网店美工就需要利用"USM锐化"滤镜和"高反差保留"滤镜对其进行清晰度处理，其具体操作步骤如下。

STEP 01 打开"猫衣服.jpg"图片（配套资源:\素材文件\第3章\猫衣服.jpg），此时图片的毛茸感不强。使用"钢笔工具" 绘制猫的大致轮廓，按【Ctrl+Enter】组合键创建选区，如图3-18所示，按【Ctrl+J】组合键将创建的选区复制到新的图层上。

微课：提高图片清晰度

图3-18　创建选区

STEP 02 选择新建的图层，选择【滤镜】/【锐化】/【USM锐化】命令，打开"USM锐化"对话框，设置数量为"30%"，设置半径为"220像素"，单击 确定 按钮，如图3-19所示。

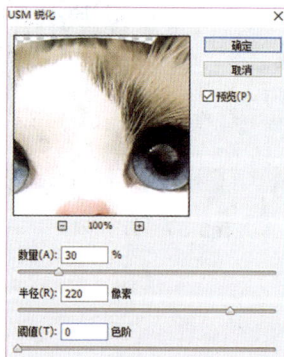

图3-19　设置"USM锐化"参数

STEP 03 选择"图层1"图层，按【Ctrl+J】组合键，创建"图层1副本"图层。选择"图层1副本"图层，选择【滤镜】/【其他】/【高反差保留】命令，打开"高反差保留"对话框，设置半径为"12像素"，单击 确定 按钮，如图3-20所示。

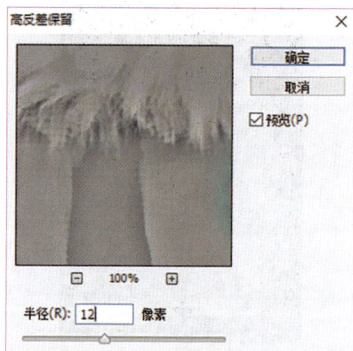

图3-20　设置"高反差保留"参数

STEP 04 返回图像编辑区，将"图层1副本"图层的混合模式设置为"叠加"，进一步清晰化处理整只猫，如图3-21所示。

图3-21　设置图层混合模式

STEP 05 按【Ctrl+J】组合键复制

"图层1副本"图层，设置不透明度为"50%"，按【Shift+Ctrl+Alt+E】组合键盖印图层，选择【图层】/【新建调整图层】/【色阶】命令，在打开的"新建图层"对话框中单击 确定 按钮，在打开的"属性"面板中设置左侧滑块值为"20"，降低图片亮度，如图3-22所示。

STEP 06 清晰化处理后的商品图片毛茸感更强烈，对比也更加明显，如图3-23所示（配套资源:\效果文件\第3章\猫衣服.psd）。

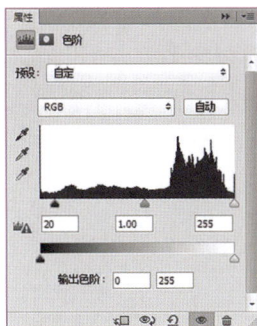

图3-22　调整色阶

图3-23　清晰化处理后的效果

↘ 3.1.5　打磨材质表面

　　网店美工在处理一些表面粗糙且有很多杂质的图片时，如玉器、雕塑、首饰等，可以利用Photoshop的涂抹工具，使商品的表面显得更加光滑。例如，常见的木雕制品，其表面往往会存在沟壑和木节，为了提升美观度，网店美工可利用污点修复画笔工具将这些沟壑和木节去除，使其表面光滑。具体操作步骤如下。

微课：光滑材质表面

STEP 01 打开"木雕.jpg"图片（配套资源:\素材文件\第3章\木雕.jpg），如图3-24所示，按【Ctrl+J】组合键复制图层。

图3-24　素材文件

STEP 02 选择"污点修复画笔工具" ，按【 [】键或【] 】键将画笔大小调整为污点大小，单击木雕上的沟壑进行修复处理，如图3-25所示。

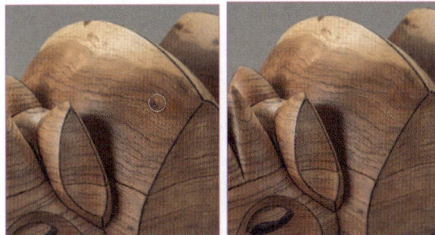

图3-25　沟壑去除前后对比

STEP 03 使用相同的方法，去除木雕上的其他沟壑和木节，效果如图3-26所示。

图3-26　去除沟壑和木节

STEP 04 选择"污点修复画笔工具" ，在工具属性栏中设置硬度为"25%"，按【 [】键或【] 】键调整画笔大小，在木雕的缝隙处进行涂抹，使整个木雕更加光滑和完整，效果如图3-27所示（配套资源:\效果文件\第3章\木雕.psd）

图3-27　最终效果

↘ 3.1.6　增加金属质感

在拍摄具有金属质感的商品的过程中，由于反光很强烈，会出现其效果较差的情况，此时，网店美工需要利用Photoshop制作金属质感效果，如利用"渐变填充"和"图层样式"命令可以打造金属质感效果；利用"杂色"命令则可以添加磨砂质感效果。以护肤品瓶盖为例，网店美工可通过"渐变填充"与"杂色"命令为护肤品瓶盖添加金属质感。其具体操作步骤如下。

微课：增加金属质感

STEP 01 打开"护肤品.jpg"图片（配套资源:\素材文件\第3章\护肤品.jpg），使用"快速选择工具" 在护肤品上拖曳，为护肤品创建选区，如图3-28所示。

图3-28　为护肤品创建选区

STEP 02 按【Ctrl+J】组合键复制护肤品到新图层上，在护肤品下方新建白色图层作为背景，方便查看护肤品整体效果，如图3-29所示。

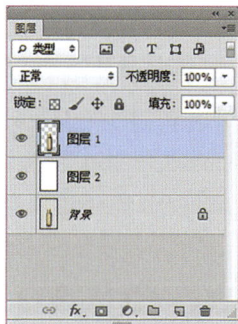

图3-29　添加白色背景

STEP 03 选择"渐变工具" ，在工具属性栏中单击渐变色条，打开"渐变编辑器"对话框，双击渐变条下方的色标，此处双击渐变条下方左侧第一个色标，打开"拾色器（色标颜色）"对话框，在"#"文本框中输入"bd9442"，单击 确定 按钮，设置该色标所在位置的颜色值，如图3-30所示。

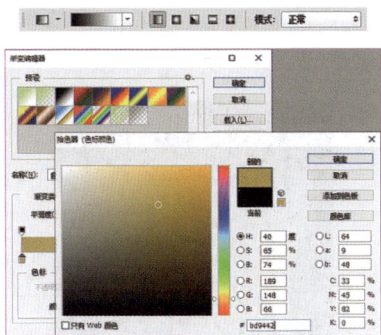

图3-30　设置色标的颜色值

STEP 04 单击渐变条下边缘空白位置可添加色标，拖曳色标可调整渐变位置。使用与STEP 03相同的方法设置每个色标的颜色值，如图3-31所示，单击 确定 按钮，此时工具属性栏中的渐变色条发生变化。

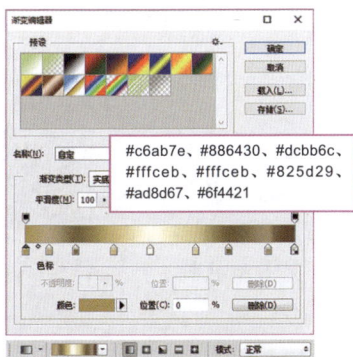

#c6ab7e、#886430、#dcbb6c、
#fffceb、#fffceb、#825d29、
#ad8d67、#6f4421

图3-31　设置渐变填充色

STEP 05 新建图层，选择"钢笔工具" ，为瓶盖的金属部分创建选区，选择"渐变工具" ，按【Shift】键，将鼠标从选区的左侧边缘拖曳到右侧边缘，创建线性渐变填充，如图3-32所示。

图3-32　线性渐变填充

STEP 06 在瓶盖顶部创建选区，选择"渐变工具" ，按STEP 03的方法分别设置渐变颜色为"#fffceb、#c8a334"，同时，单击 确定 按钮，在选区内将鼠标从左侧边缘拖曳到右侧边缘，创建线性渐变填充，如图3-33所示。

图3-33　填充瓶盖

STEP 07 选择"图层 3"图层，按【Ctrl+J】组合键复制图层，选择【滤镜】/【杂色】/【添加杂色】命令，打开"添加杂色"对话框，设置数量为"5%"，单击选中"高斯分布"单选项，单击 确定 按钮，如图3-34所示。

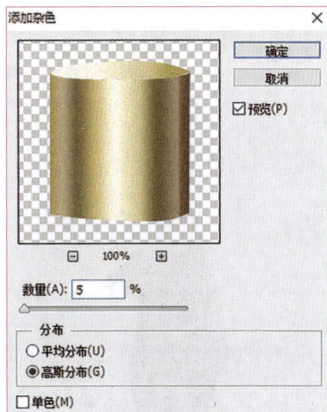

图3-34　添加杂色

STEP 08 在"图层"面板中设置瓶盖图层的混合模式为"柔光"，设置不透明

度为"30%"，如图3-35所示。

图3-35 设置图层混合模式和不透明度

STEP 09 选择"图层1、图层3、图层4"图层，按【Ctrl+E】组合键合并图层。打开"护肤品背景图.jpg"图片（配套资源:\素材文件\第3章\护肤品背景图.jpg），将合并后的图层移动到背景中，最终效果如图3-36所示。

STEP 10 完成后按【Ctrl+S】组合键保

存图像（配套资源:\效果文件\第3章\护肤品效果.psd）。

图3-36 最终效果

↘ 3.1.7 精修人物商品图片

现在店铺中很多商品的展示都会运用人物来展现，尤其是服装类商品，这样可以让消费者更直观地看到服装的试穿效果。而模特身上或多或少会存在瑕疵，所以网店美工应掌握美化模特的方法来解决这类问题，美化时可使用液化工具为模特打造纤细身姿，突出商品美感，其具体操作步骤如下。

微课：精修人物商品图片

STEP 01 打开"女装模特.jpg"图片（配套资源:\素材文件\第3章\女装模特.jpg），如图3-37所示，按【Ctrl+J】组合键复制图层。

图3-37 素材文件

STEP 02 选择【滤镜】/【液化】命令，选择"向前变形工具" 🖾，设置画笔大小为"200"，将图片显示比例更改为"200%"，按住鼠标左键不放向内侧拖曳模特左侧腰部的曲线，如图3-38所示。

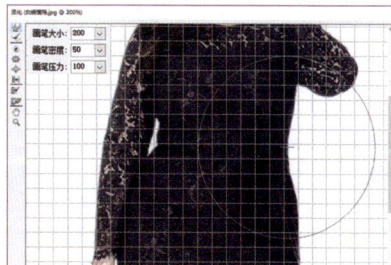

图3-38 收腰

STEP 03 使用相同的方法继续修改模特左侧的整体曲线，效果如图3-39所示。

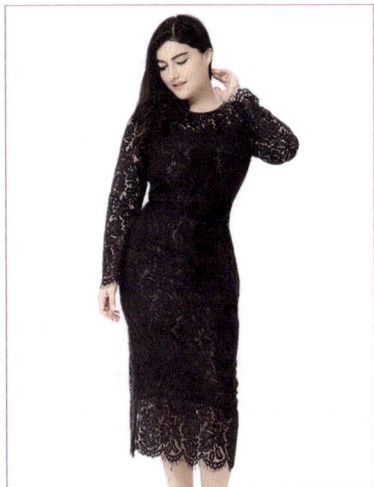

图3-39　塑造曲线

STEP 04 使用"抓手工具" 拖曳图片，控制显示区域，此处调整右侧袖子。再选择"向前变形工具" ，将画笔大小更改为"100"，向内侧拖曳袖子的曲线，如图3-40所示。

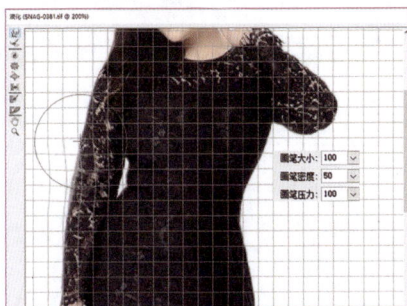

图3-40　瘦手臂

STEP 05 设置画笔大小为"20"，在其他需要调整的地方按住鼠标左键不放向内拖曳鼠标指针，如下巴、右侧腰线等，然后保存文件，完成对模特身形的处理，效果如图3-41所示（配套资源:\效果文件\第3章\女装模特.jpg）。

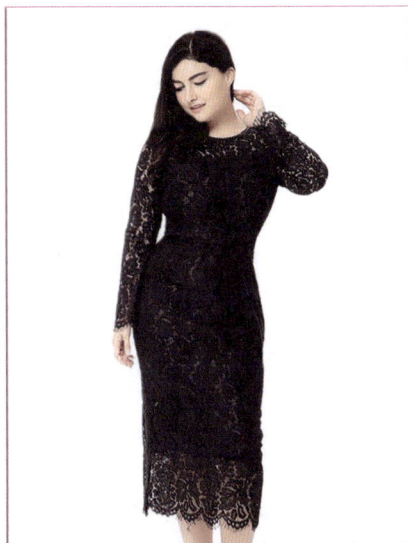

图3-41　模特身形处理效果

经验之谈

　　在液化过程中，要注意模特的比例，拖曳幅度太大会导致模特身材不协调。

新手试练

　　请使用"膨胀工具" 和"向前变形工具" 调整模特（配套资源:\素材文件\第3章\模特腿.jpg）的腰线和腿部曲线，调整前后的对比效果如图3-42所示。

图3-42　对比效果

3.2 丰富图片内容

对于网店美工来说，修饰图片不仅是要去除污点、美化模特等，还要调整图片中的描述性文字和装饰图案。为图片添加适量的设计元素可以更直观地向消费者传达商品信息，并且也使图片的内容更加丰富美观。其中，文字、形状、图案等是网店美工较为常用的设计元素。

↘ 3.2.1 添加与美化图片文本

网店美工可以使用Photoshop中的文字工具为图片添加文本，还可以根据需要设置文本的字体、字号、颜色与倾斜等效果。例如，某水果店铺准备对草莓进行上新，在上新前准备为草莓海报背景添加文字，以方便进行商品宣传，要求文字内容能直观体现味美、多汁的特点，其效果要美观、具有识别性。具体操作步骤如下。

微课：添加与美化
图片文本

STEP 01 打开"草莓海报背景.jpg"图片（配套资源:\素材文件\第3章\草莓海报背景.jpg），选择"横排文字工具" T.，单击定位文本插入点，输入"SMELL OF SUNSHINE"文本，按【Enter】键完成输入。使用相同的方法继续输入其他文本，如图3-43所示。

图3-43 输入文本

经验之谈

在输入文本前，可按住鼠标左键不放并拖曳鼠标绘制文本框，这样便于段落文本的输入与编辑。

STEP 02 选择文字，按【Ctrl+T】组合键进入自由变换状态，拖曳四角的控制点设置文本的大小，也可在工具属性栏

中的"设置字体大小"下拉列表框中精确设置文本的字号，调整后的效果如图3-44所示。

图3-44 调整文本大小

STEP 03 选择"SMELL OF SUNSHINE"文字，在工具属性栏中设置字体为"方正美黑简体"，然后设置其他文本的字体为"方正萌艺体简""汉仪雁翎体简"，如图3-45所示。

图3-45 设置文本字体

在文本工具的工具属性栏中单击"切换字符和段落面板"按钮，可在打开的"字符"和"段落"面板中集中设置文本的字体、字号、颜色、间距、首行缩进、行距、段落对齐方式等。

STEP 04 选择"圆角矩形工具"，在"香甜草莓鲜嫩多汁"文字下方绘制650像素×95像素的圆角矩形，并设置填充颜色为"#ff850e"，如图3-46所示。

图3-46　绘制圆角矩形

STEP 05 选择"圆角矩形工具"，在"立即抢购"文字下方绘制328像素×72像素的圆角矩形，并设置填充颜色为"#fafdf7"，描边颜色为"#ff850e"，使用相同的方法，在圆角矩形的上方绘制圆角矩形，使其形成投影效果，如图3-47所示。

图3-47　绘制其他圆角矩形

STEP 06 选择"SMELL OF SUNSHINE"文字，在"横排文字工具"的工具属性栏中单击"设置文本颜色"按钮，设置文本颜色为"#6ab223"，使用相

同的方法设置其他文本的颜色，其中"阳光味道"文本颜色为"#6ab223"，"的"文本颜色为"#ff850e"，其他文本颜色为"白色"，效果如图3-48所示。

图3-48　设置文本颜色

若要设置一个文本图层中的某个文本的颜色、字号、字形等，需要将文本插入点插入到该文本前，然后按住鼠标左键不放并拖曳鼠标选中该文本。

STEP 07 双击"SMELL OF SUNSHINE"文字，在打开的"图层样式"对话框中单击选中"投影"复选框，设置颜色为"#fbf951"距离为"3像素"，单击"确定"按钮，如图3-49所示。

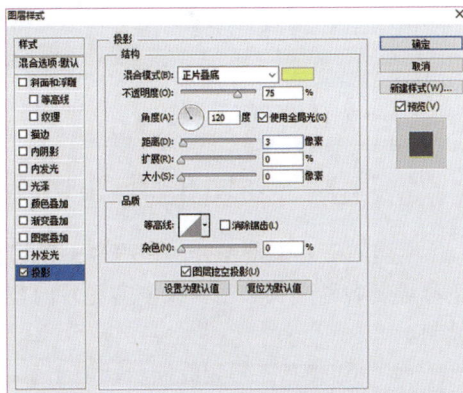

图3-49　设置投影

STEP 08 选择"自定形状工具"，在工具属性栏中设置填充颜色为"白色"，

在"形状"下拉列表框中选择"购物车"形状，然后在"立即抢购"文字右侧绘制购物车形状，如图3-50所示。

图3-50　绘制形状

STEP 09 选择"我甜美多汁"文字，打开"字符"面板，修改行距为"48

点"，然后在"多汁"前换行，并按【Ctrl+T】组合键，使文字倾斜显示，最终效果如图3-51所示（配套资源:\效果文件\第3章\草莓海报.psd）。

图3-51　最终效果

经验之谈

在文本图层上方添加彩色条纹图片，在彩色条纹图层上单击鼠标右键，在弹出的快捷菜单中选择"创建剪贴蒙版"命令，可将图片的彩色条纹剪切到文本中，最终效果如图3-52所示。

图3-52　最终效果

3.2.2　添加形状与图案

　　网店美工在修饰图片的过程中，除了修饰图片本身的瑕疵外，经常会使用一些形状工具绘制各种形状和图案来丰富图片内容。这些素材可以在素材网上下载，也可以自行绘制。

● **通过形状工具组绘制形状与图案**：选择形状工具组中的工具可以绘制一些特定的形状，如椭圆、圆角矩形、多边形等；选择自定形状工具，可绘制动物、水滴、剪刀等形状，如图3-53所示。

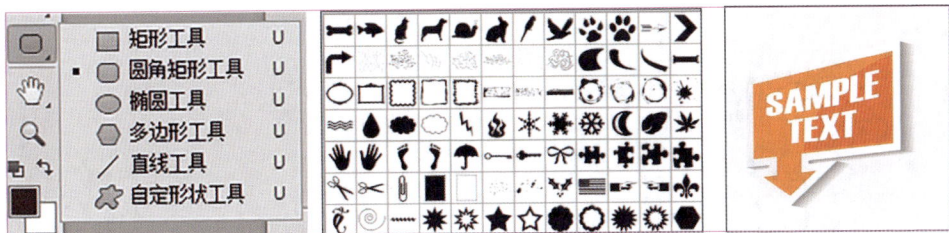

图3-53 通过形状工具组绘制形状与图案

● **通过钢笔工具绘制形状与图案**：选择"钢笔工具"![钢笔工具图标]，并在工具属性栏中设置工具模式为"形状"，设置填充颜色与描边颜色，然后按住鼠标左键不放并拖曳鼠标就可以绘制出轮廓清晰的形状与图案，如图3-54所示。

图3-54 通过钢笔工具绘制形状与图案

● **使用画笔工具绘制图案**：Photoshop中的画笔工具自带多种样式的笔刷。网店美工可在选择笔刷后绘制想要的图案，也可以根据需要载入水珠、雪花、火焰、墨点等笔刷。其方法是：在工具属性栏中打开"画笔预设"选取器，单击右上角的"设置"按钮![设置按钮图标]，在弹出的列表中可添加其他画笔笔刷，选择"载入画笔"选项可载入计算机中的笔刷，图3-55所示为载入"烟雾"笔刷并使用其绘制的图案。

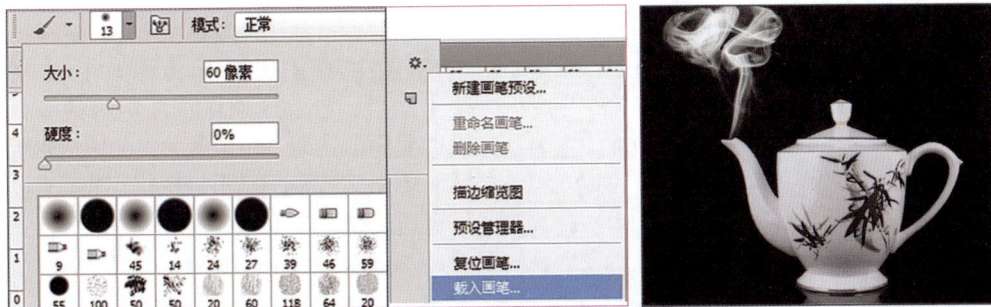

图3-55 使用画笔工具绘制图案

● **应用下载的图案**：除了Photoshop中默认的画笔笔刷外，网店美工还可以在素材网上下载psd格式或png格式的素材，然后打开素材并将其拖曳到图片中，调整其大小与位置。图3-56所示为将下载的化妆品元素与水花元素合成在一起的效果。

图3-56　应用下载的图案

3.3 添加图片特效

网店美工在处理图片时，除了可以修饰图片、丰富图片内容，还可以为图片添加特效，如虚化图片中商品的背景，为图片添加发光效果，或将商品与背景、文字进行合成，这样可以更好地突出商品特征。

↘ 3.3.1 虚化背景

对于一些主体物和背景无法区分，层次不明的图片，需要将图片的主体物表现出来，此时网店美工可以采用虚化背景的方法，将焦点聚集在主体物上，营造主体物与背景间的一种前实后虚的效果，以避免背景喧宾夺主，影响主体物。例如某拖鞋商品图片，若需要凸显拖鞋主体，可对背景进行虚化。其具体操作步骤如下。

微课：虚化背景

STEP 01 打开"背景虚化.jpg"图片（配套资源:\素材文件\第3章\背景虚化.jpg），选择"套索工具" ，在图片中沿着拖鞋轮廓绘制选区，然后按【Shift+Ctrl+I】组合键反选选区，如图3-57所示。

图3-57　为背景创建选区

STEP 02 选择【选择】/【修改】/【羽化】命令，打开"羽化选区"对话框，设置羽化半径为"50像素"，如图3-58所示，单击 确定 按钮，让选区的边缘更加柔和。

图3-58　设置羽化半径

STEP 03 选择【滤镜】/【模糊】/【镜头模糊】命令，打开"镜头模糊"对话框，设置半径和叶片弯度为"30"和"5"，如图3-59所示。

图3-59 设置镜头模糊

STEP 04 单击 确定 按钮，返回工作界面可查看模糊后的效果。然后按【Ctrl+D】组合键取消选区，选择"模糊工具" ◌，在工具属性栏中设置强度为"50%"，涂抹拖鞋边缘，进行模糊处理，虚化背景后的效果如图3-60所示（配套资源:\效果文件\第3章\背景虚化.jpg）。

图3-60 虚化背景的效果

↘ 3.3.2 添加发光效果

不同的商品有不同的特性，网店美工需要根据商品特性来修饰商品图片，如在修饰鼠标、汽车、计算机等科技类商品的图片时，就需要添加发光效果来突出商品主体。例如，网店美工需要为某鼠标主图中的鼠标添加发光效果，可使用"图层样式"对话框中的"内发光"和"外发光"样式来完成。其具体操作步骤如下。

微课：添加发光效果

STEP 01 打开"鼠标背景.jpg"图片（配套资源:\素材文件\第3章\鼠标背景.jpg），如图3-61所示。

图3-61 素材文件

STEP 02 打开"鼠标.png"图片（配套资源:\素材文件\第3章\鼠标.png），将鼠标拖曳到背景图片中，调整鼠标大小与位置，使其位于文本图层下方，如图3-62所示。

图3-62 添加鼠标

STEP 03 双击鼠标图层右侧的空白处，在打开的"图层样式"对话框中单击选中"内发光"复选框；单击选中"设置发光颜色"单选项，设置发光颜色为"#0d5fb3"，设置混合模式为"滤色"，设置不透明度、阻塞、大小、范围分别为"50%、10%、21像素、50%"，单击选中"边缘"单选项，如图3-63所示。

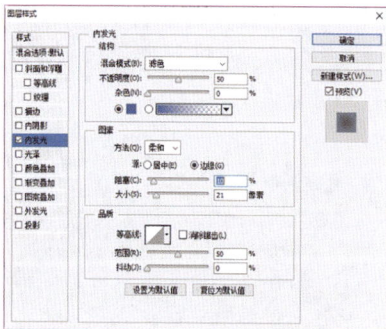

图3-63　添加内发光

📢 **经验之谈**

选择不同的混合模式，将得到不同的发光效果。另外，"阻塞"用于设置内发光的范围大小，其值越大，发光范围越大。

STEP 04 在图像编辑区中查看添加的内发光效果，如图3-64所示。

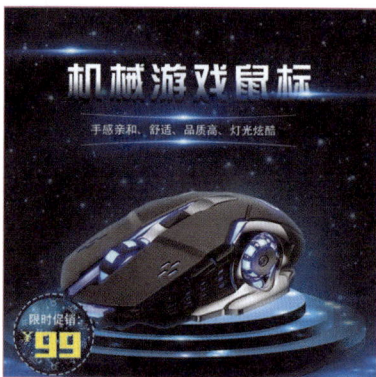

图3-64　内发光效果

STEP 05 单击选中"外发光"复选框；

单击选中"渐变色"单选项，单击渐变色条，设置渐变色为"#4772a2~#75f8f7"，设置混合模式为"滤色"，设置不透明度、方法、扩展、大小分别为"40%、柔和、5%、30像素"，如图3-65所示。

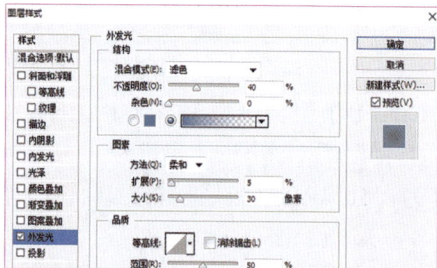

图3-65　添加外发光

STEP 06 单击 确定 按钮，返回查看外发光效果，如图3-66所示（配套资源:\效果文件\第3章\鼠标.psd），保存图片完成本例的制作。

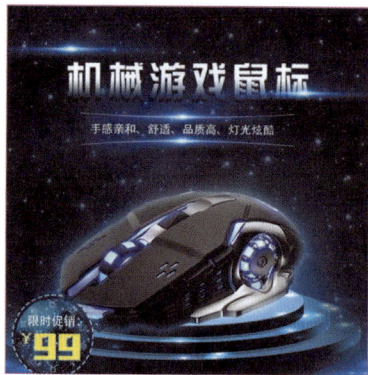

图3-66　外发光效果

↘ 3.3.3　合成图像

商家拍摄商品的场景可能是固定的或较简单的，如果需要比较丰富或特殊的效果，则可以通过合成图像来实现。例如，为拍摄的白底头戴式耳机商品图片合成背景，突出商品的时尚性。合成时需要制作背景，再添加耳机图片和装饰元素，最后输入文字。其具体操作步骤如下。

微课：合成图像

STEP 01 新建尺寸为"1920像素×900像素"，名称为"耳机海报"的图像文件。

STEP 02 使用"矩形工具"▭绘制两个"960像素×900像素"的矩形，分别填充"#c51f22、#1c1919"颜色，使其左右分布在图像编辑区中充当背景。

STEP 03 置入"耳机.png"图片（配套资源:\素材文件\第3章\耳机.png），调整大小和位置，如图3-67所示。

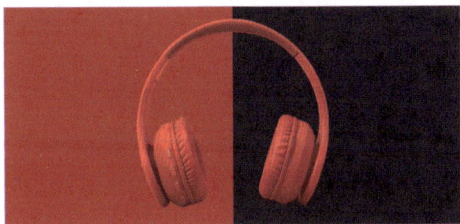

图3-67　素材文件

STEP 04 双击耳机图像所在图层右侧的空白处，打开"图层样式"对话框，在打开的对话框左侧单击选中"投影"图层样式，在右侧设置颜色为"#d94d42"，其余参数如图3-68所示，单击 确定 按钮。

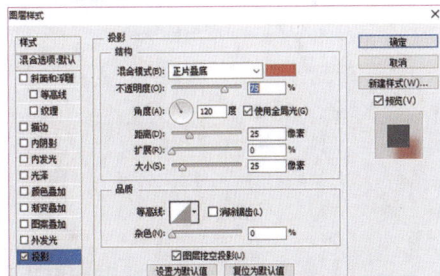

图3-68　添加"投影"图层样式

STEP 05 置入"三角形装饰.png"图片（配套资源:\素材文件\第3章\三角形装饰.png），复制两次该图像，然后依次调整大小、方向和位置。

STEP 06 选中STEP 05涉及的图层，按【Ctrl+G】组合键将其移动到图层组，并设置图层组的不透明度为"43%"，效果如图3-69所示。

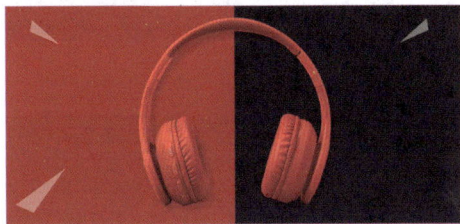

图3-69　管理图层并设置图层组的不透明度

STEP 07 选择"横排文字工具"Ｔ，设置字体为"思源黑体 CN"，字体大小为"210点"，文本颜色为"白色"。输入"头戴式HEADPHONES"文字，并在中英文文字之间按【Enter】键，分两行显示文字。

STEP 08 选中文字，打开"字符"面板，设置字体样式为"Bold"，行距为"220点"。将文字图层移动到耳机图层下方，调整文字位置，如图3-70所示。

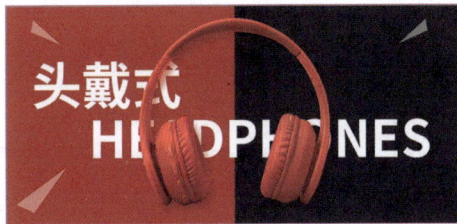

图3-70　调整文字位置

STEP 09 复制文字图层并在其上单击鼠标右键，在弹出的快捷菜单中选择"栅格化文字"命令，再将该图层移至耳机图层上方，单击"添加矢量蒙版"按钮▢，设置前景色为黑色，选择"画笔工具"，涂抹图3-71所示的区域，制作穿插文字效果，效果如图3-72所示。

图3-71　涂抹文字

图3-72　穿插效果展示

STEP 10 选择耳机图层下方的文字图层，添加"渐变叠加"图层样式，设置颜色为"#ec89f5~白色"，不透明度、角度、缩放分别为"33%"、"-55°"、"150%"，如图3-73所示，单击 确定 按钮。

STEP 11 置入"图标.png"素材（配套资源:\素材文件\第3章\图标.png），调整大小和位置。

STEP 12 选择"横排文字工具" T，设置字体大小为"30点"，输入图3-74所示

的文字，保存文件（配套资源:\效果文件\第3章\耳机海报.psd），完成制作。

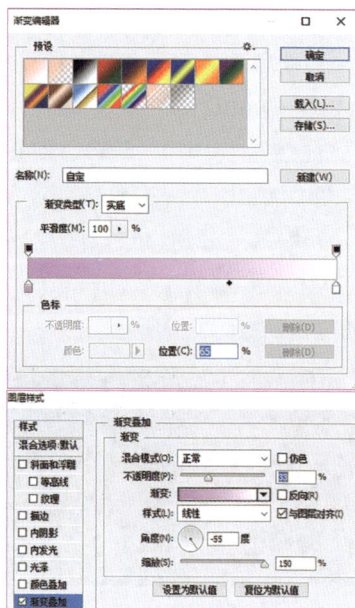

图3-73　添加"渐变叠加"图层样式

图3-74　完成后的效果

3.4　实战演练

↘ 3.4.1　修饰家用榨汁机

图3-75所示为某家用电器商家拍摄的白底家用榨汁机图片。商家准备将其作为新品的商品主图。观察该图片可发现商品色彩暗淡、饱和度低、模糊和光影不明显。网店美工可以先针对以上问题进行修

微课：修饰家用榨汁机

复，然后更换背景图像，再添加原汁原味、全国包邮、全国联保、厂家直销等卖点文字，最终制作成一张视觉效果美观的商品主图，如图3-76所示。

图3-75　白底家用榨汁机图片

图3-76　家用榨汁机图片修饰后效果

1. 设计思路

修饰家用榨汁机图片的设计思路如下。

（1）先抠取榨汁机，方便后期处理。

（2）分析家用榨汁机图片需要处理的部分：家用榨汁机图片颜色非常暗沉、不鲜亮，整体效果显得很脏。

（3）通过调整"亮度/对比度"，提高家用榨汁机图片的亮度和对比度，然后再通过调整"色相/饱和度"让家用榨汁机图片的颜色更加鲜亮，通过调整"色阶"让整个效果的明暗对比度更适宜。

（4）最后添加背景，并凸显家用榨汁机，使其符合店铺图片的要求。

2. 知识要点

完成本例家用榨汁机图片的修饰，需要掌握以下知识。

（1）使用"套索工具" ![套索工具图标] 框选榨汁机顶部污渍部分，去除污渍。

（2）使用调色命令，提升整个家用榨汁机的明暗对比度。

（3）使用"USM锐化"滤镜，增加家用榨汁机的质感。

3. 操作步骤

下面对家用榨汁机图片进行修饰，其具体操作步骤如下。

STEP 01 打开"家用榨汁机.jpg"图片（配套资源:\素材文件\第3章\家用榨汁机.jpg），使用"钢笔工具" ![钢笔工具图标] 沿着家用榨汁机边缘绘制路径，将其转化为选区，按【Ctrl+J】组合键将其复制到新图层上，方便后期处理，如图3-77所示。

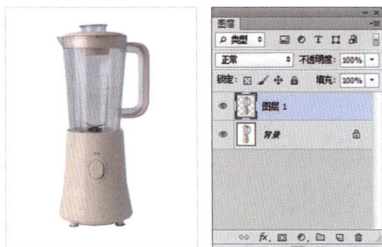

图3-77　抠取家用榨汁机并新建图层

STEP 02 选择"套索工具" ⊙，框选榨汁机顶部污渍部分，选择【编辑】/【填充】命令，打开"填充"对话框，在"使用"下拉列表框中选择"内容识别"选项，单击 **确定** 按钮，去除污渍，如图3-78所示。

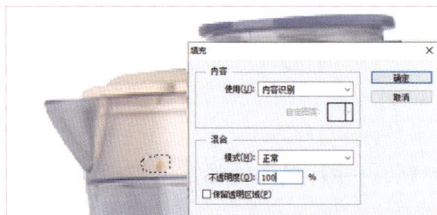

图3-78　通过填充去除污渍

STEP 03 选择【图层】/【新建调整图层】/【亮度/对比度】命令，在打开的对话框中单击 **确定** 按钮，在打开的"属性"面板中设置亮度、对比度分别为"30、50"，如图3-79所示。

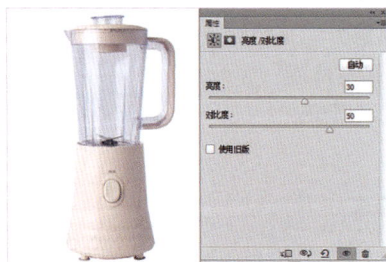

图3-79　调整亮度/对比度

STEP 04 选择【图层】/【新建调整图层】/【色相/饱和度】命令，在打开的对话框中单击 **确定** 按钮，打开"属性"面板，在"饱和度"数值框中输入

"+30"，如图3-80所示。

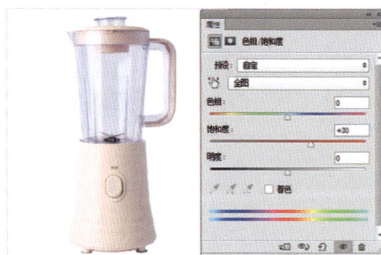

图3-80　调整色相/饱和度

STEP 05 选择【图层】/【新建调整图层】/【色阶】命令，在打开的对话框中单击 **确定** 按钮，打开"属性"面板，设置第一个文本框中的色阶值为"20"，其他保持默认不变，如图3-81所示。

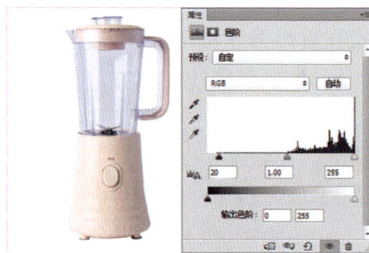

图3-81　调整色阶

STEP 06 隐藏背景图层，按【Shift+Ctrl+Alt+E】组合键盖印图层，选择"减淡工具" ，设置曝光度为"20%"，涂抹上方玻璃部分提亮整个玻璃效果；使用"加深工具" 涂抹需要加深的上下边缘部分以及两侧，减淡和加深前后的对比效果如图3-82所示。

图3-82　减淡和加深前后的对比效果

STEP 07 选择【滤镜】/【锐化】/【USM锐化】命令，打开"USM锐化"对话框，设置数量为"40%"，半径为"9像素"，单击 确定 按钮，如图3-83所示。

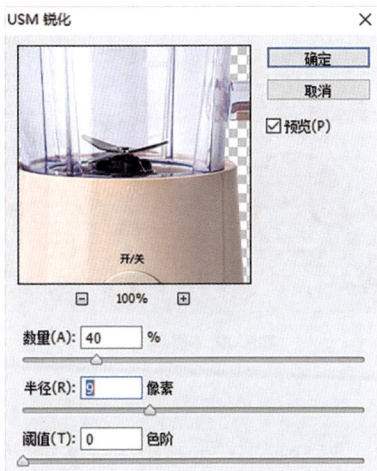

图3-83　设置USM锐化

STEP 08 复制"图层2"图层，设置图层混合模式为"线性减淡（添加）"，设置不透明度为"20%"，如图3-84所示。

图3-84　设置图层混合模式和不透明度

STEP 09 按【Ctrl+Shift+Alt+E】组合键合并图层。打开"家用榨汁机背景图.jpg"图片（配套资源:\素材文件\第3章\

家用榨汁机背景图.jpg），将合并图层后的家用榨汁机图移动到此图片中，调整其大小与位置，如图3-85所示。

图3-85　调整家用榨汁机大小和位置

STEP 10 复制"图层1"图层，将复制后的图层移动到"图层1"下方，设置不透明度为"15%"，按【Ctrl+T】组合键，使其呈变形状态，然后单击鼠标右键，在弹出的快捷菜单中选择"垂直翻转"命令，对整个家用榨汁机进行翻转，作为家用榨汁机的投影，完成后调整投影位置，如图3-86所示。

图3-86　制作投影

STEP 11 选择【滤镜】/【模糊】/【高斯模糊】命令，打开"高斯模糊"对话框，设置半径为"10像素"，单击 确定 按钮，如图3-87所示。

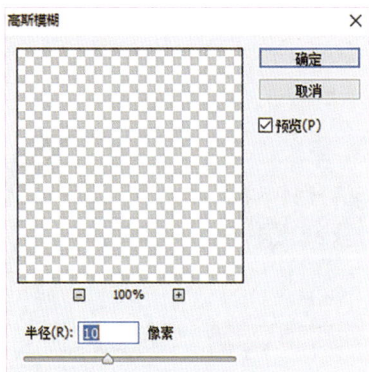

图3-87　高斯模糊

STEP 12 打开"橘子.png"图片（配套资源:\素材文件\第3章\橘子.png），将其拖曳到家用榨汁机的背景中，调整其大

小与位置，完成后保存图像，效果如图3-88所示（配套资源:\效果文件\第3章\家用榨汁机主图.psd）。

图3-88　最终效果

↘ 3.4.2　修饰羽绒服

图3-89所示为某商家拍摄的新款羽绒服商品图片，观察画面可发现由于羽绒服材质比较柔软，衣服上出现了褶皱，并且在图片中较为明显，影响美观。网店美工可以运用修补工具去除羽绒服上的部分褶皱，然后提高羽绒服的亮度与对比度，最后添加标有上新文字的标签，使图片更具有商业性，如图3-90所示。

图3-89　新款羽绒服商品图片

图3-90　羽绒服修饰后效果

1. 设计思路

本例对图片中羽绒服的美化主要从去除褶皱，光滑材质，提高羽绒服亮度、对比度与清晰度3个角度出发，其设计思路如下。

（1）首先使用修补工具处理褶皱。

（2）整体提高羽绒服的亮度与对比度，然后使用涂抹工具光滑材质。

微课：修饰羽绒服

（3）结合"高反差保留"滤镜与图层混合模式提高羽绒服的清晰度。

2. 知识要点

完成本例羽绒服图片的修饰，需要掌握以下知识。

（1）使用"修补工具" 和"涂抹工具" 来修饰图片。

（2）选择【滤镜】/【其他】/【高反差保留】命令，设置滤镜，应用滤镜；设置图层混合模式，通过图层叠加提高图片的清晰度。

3. 操作步骤

下面对羽绒服图片进行修饰处理，其具体操作步骤如下。

STEP 01 打开"羽绒服.jpg"图片（配套资源:\素材文件\第3章\羽绒服.jpg），按【Ctrl+J】组合键复制背景图层，使用"修补工具" 为褶皱创建选区，向左拖曳选区去除褶皱，如图3-91所示。

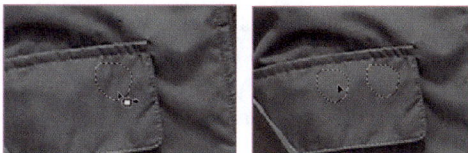

图3-91　去除褶皱

经验之谈

"修补工具" 是使用选中的区域来修补另一个区域的工具，它会将源区域和目标区域的纹理、明暗等进行匹配。

STEP 02 使用相同的方法继续处理衣服上的其他褶皱，注意保留缝线周围的褶皱，如图3-92所示。

图3-92　去除其他褶皱

STEP 03 使用"钢笔工具" 抠取整个衣服区域，并将其转换为选区并按【Ctrl+J】组合键新建图层，选择【图

像】/【调整】/【色阶】命令，在打开的对话框中将中间的滑块值设置为"1.37"，单击 确定 按钮，如图3-93所示。

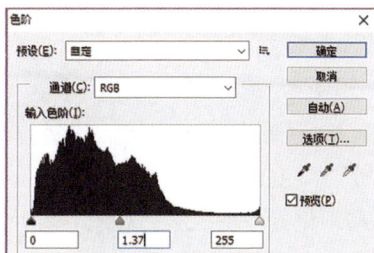

图3-93　调整色阶

STEP 04 放大图片，选择"涂抹工具" ，设置强度为"44%"，按【[】键或【]】键调整画笔大小，涂抹粗糙的面料表面，光滑材质，效果如图3-94所示。

图3-94　光滑材质

STEP 05 按【Ctrl+J】组合键复制羽绒

服到新图层上；选择【滤镜】/【其他】/【高反差保留】命令，打开"高反差保留"对话框，设置半径为"10像素"，单击 [确定] 按钮，如图3-95所示。

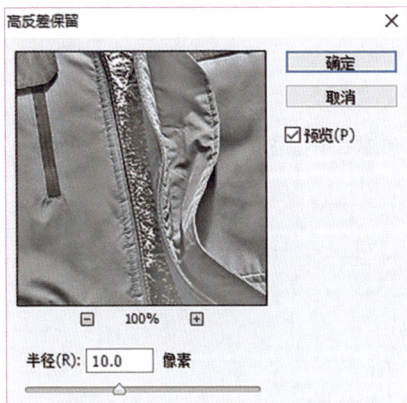

图3-95　设置"高反差保留"参数

STEP 06 返回图像编辑区，设置抠取的羽绒服图层的混合模式为"柔光"，加亮并清晰化处理羽绒服，如图3-96所示。

图3-96　设置混合模式

STEP 07 选择【图层】/【新建调整图层】/【亮度/对比度】命令，在打开的对话框中单击 [确定] 按钮，在打开的"属性"面板中设置亮度值为"15"，将对比度值提高为"21"，如图3-97所示。

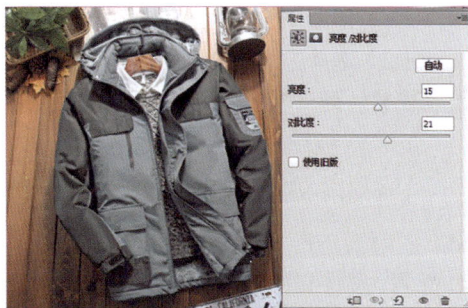

图3-97　设置亮度/对比度

STEP 08 打开"羽绒服标签.png"图片（配套资源:\素材文件\第3章\羽绒服标签.png），将其拖曳到羽绒服图片中，调整其大小与位置，最终效果如图3-98所示（配套资源:\效果文件\第3章\羽绒服.psd）。

图3-98　最终效果

设计素养

网店美工在修饰商品图片时，注意不能修图过度以致失真，应避免引起消费者对商品的误会，导致不必要的纠纷。例如，可以去除服饰类商品图片的褶皱，但要保留服装上的装饰图案、纹路、走线等；去除拍摄不锈钢、玻璃等反光材质商品时留下的反光影，但要保留真实光线下该类商品的光影变化。

课后练习

（1）本练习将处理一张手串图片（配套资源:\素材文件\第3章\手串.jpg），处理后的手串图片手串色彩鲜艳、光泽感强，纹理清晰。处理手串图片时，先使用【曲线】和【自然饱和度】命令提高图片的亮度和饱和度；然后为手串创建选区，使用锐化工具来强化手串表面的光泽感和纹理；接着反选选区，使用【镜头模糊】命令模糊装饰物和背景，手串图片处理前后的对比效果如图3-99所示（配套资源:\效果文件\第3章\手串.jpg）。

图3-99 手串图片处理前后的对比效果

（2）本练习将处理一张粉底液瓶子的图片（配套资源:\素材文件\第3章\粉底液.jpg）。处理该图片时，首先用魔棒工具将瓶身上面的文字扣取下来，并填充为白色，再依次为瓶盖和瓶身创建选区，并运用渐变填充的方式使瓶盖和瓶身的光泽感更强；然后运用加深工具和减淡工具绘制阴影和亮部，使粉底液瓶子的渐变效果更加自然；最后添加背景（配套资源:\素材文件\第3章\粉底液背景.jpg）并制作投影，粉底液瓶子调整前后的对比效果如图3-100所示（配套资源:\效果文件\第3章\粉底液.psd）。

图3-100 粉底液瓶子调整前后的对比效果

第3篇 店铺装修

第4章 店铺首页核心模块设计

　　店铺首页是整个店铺的形象展示页面，能提升店铺形象，赢得消费者的好感，从而促进店铺内商品的销售，因此，其视觉设计至关重要。店铺首页的设计，主要是针对店铺首页的核心模块如店招、轮播海报、优惠券、商品促销区进行设计。

技能目标：

* 掌握店招的设计方法
* 掌握轮播海报的设计方法
* 掌握优惠券的设计方法
* 掌握商品促销区的设计方法

素养目标：

* 培养网店美工的专业能力和审美能力
* 培养网店美工主动学习的习惯
* 培养网店美工遵守平台规范的意识

4.1　店招设计

店招是店铺首页的第一个板块，是店铺形象展示的重要窗口。店招主要包括店铺Logo、收藏按钮、关注按钮、优惠信息、活动内容、促销商品、搜索框、店铺公告、网址、联系方式等内容。

↘ 4.1.1　店招制作规范

店招可以分为普通店招和全屏店招两种类型。其中，普通店招的尺寸为950像素×120像素，全屏店招的尺寸则为1920像素×150像素（通常为了与全屏海报适配才使用该尺寸，左右两侧一般为空白背景），并且店招连同导航条高度不能超过150像素，如图4-1所示。

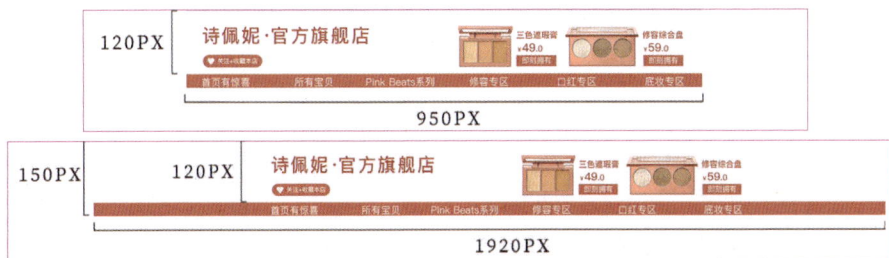

图4-1　店招尺寸

需要注意的是，为了便于上传店招，店招大小最好小于80KB，店招的格式也应设置成JPG、GIF或PNG。此外，为便于推广店铺商品和提高品牌知名度，网店美工在设计店招时，除了需要使店招的视觉效果新颖别致外，还应遵循以下两个基本原则。

- **植入品牌形象**：在设计店招时，网店美工可以通过突出店铺名称，添加品牌标志来植入品牌形象。
- **抓住商品定位**：商品定位是指展示店铺所卖商品的类别。精准的商品定位可以快速向目标消费群体展示店铺商品。图4-2所示的"华为官方旗舰店"店招中，左侧展示该店铺的名称以及品牌Logo；右侧放置的商品突出该店铺热卖的商品种类为"数码产品"，以及热销款式。这样的店招不仅能让消费者直观地看出该店铺的定位，还能向消费者输出热卖商品的信息，有利于向消费者推销热卖商品，使其有兴趣进入热销商品的商品详情页浏览信息，从而提升商品的销售率。

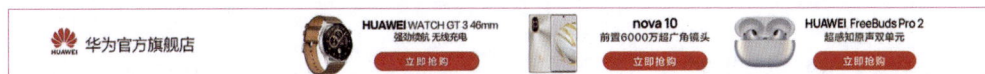

图4-2　"华为旗舰店"店招

↘ 4.1.2　制作店招

现有首饰专卖店"SKAW崇家旗舰店"准备装修店铺首页，因此需要先制作店招，为了让店招的整体色调迎合主要消费群体的审美，可以以粉色为主色调，并将粉色花瓣作为背景。其具体操作步骤如下。

微课：制作店招

STEP 01 新建大小为"950像素×120像素"，分辨率为"72像素/英寸"，名称为"店招"的文件，如图4-3所示。

图4-3　新建文件

STEP 02 打开"店招背景.jpg"图片（配套资源:\素材文件\第4章\店招背景.jpg）。再将背景素材拖曳到"店招"文件中，调整其位置和大小，如图4-4所示。

图4-4　添加背景

STEP 03 选择"椭圆工具"，设置描边颜色为"#a51f38"，描边宽度为"1.8点"，取消填充，按住【Shift】键在页面左侧绘制正圆，再修改宽度和高度为"80像素"，如图4-5所示。

图4-5　绘制正圆

STEP 04 复制形状图层，选择复制后的形状图层，在工具属性栏中更改描边宽度为"1点"，大小为"50像素×50像素"，然后将其移动到大圆的中心位置，如图4-6所示。

图4-6　复制并缩小圆

STEP 05 选择"直排文字工具"，设置字体为"幼圆"，字体大小为"20点"，输入"首饰"文本。选择"横排文字工具"，设置字体大小为"10

点"，输入"正品保证""官方直营"文本，如图4-7所示。

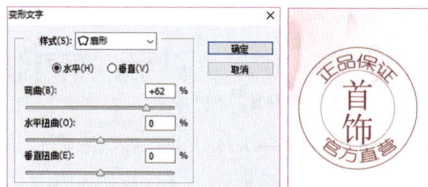

图4-7　输入文本

STEP 06 选择"正品保证"文本，在工具属性栏中单击"创建文字变形"按钮，再在打开的对话框中设置样式为"扇形"，弯曲为"+62%"，单击[　确定　]按钮，调整文字位置。继续为"官方直营"文本创建弯曲为"-50%"的扇形变形效果，并调整文本位置，如图4-8所示。

图4-8　创建扇形变形

STEP 07 选择"直线工具"，设置填充颜色为"#a51f38"，取消描边，粗细为"1像素"。按住【Shift】键在正圆右侧绘制直线，并调整直线位置，如图4-9所示。

图4-9　绘制直线

STEP 08 选择"横排文字工具"，在工具属性栏中单击"切换字符和段落面板"按钮，打开"字符"面板，设置字体为"黑体"，字体大小为"24

点"，单击"仿粗体"按钮 ⊤ ，输入图4-10所示的文本。

图4-10　输入文本

STEP 09 选择"遇见更好的自己"文本，取消仿粗体，修改字体大小为"15点"，调整文字位置。

STEP 10 设置字体为"汉仪中圆简"，字体大小为"14点"，在文字下方输入"无拘无束 装点美丽的生活"文本。

STEP 11 打开"店招首饰.psd"图片（配套资源:\素材文件\第4章\店招首饰.psd），将其中的商品分别拖曳到"店招"中，调整其位置和大小，如图4-11所示。

图4-11　添加商品

STEP 12 双击任意商品所在图层的缩略图，在打开的对话框的左侧列表中单击选中"投影"复选框，设置颜色为"#ab384d"，其他参数如图4-12所示，单击 确定 按钮。

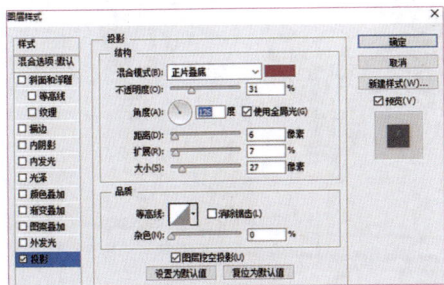

图4-12　添加投影

STEP 13 在"图层"面板中按住【Alt】键拖曳"投影"效果到另一个商品的图层上，复制投影效果，如图4-13所示。

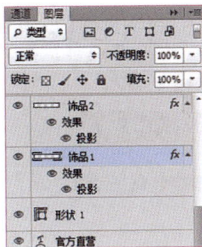

图4-13　复制投影效果

STEP 14 选择"横排文字工具" ⊤ ，设置字体为"思源黑体 CN"，字体大小为"20点"，文本颜色为"#1b1b1b"，输入"洁白深海珍珠"文本；更改字体大小为"11点"，文本颜色为"#b41d23"，输入"活动价:¥"文本；更改字体大小为"20点"，输入"539"文本，效果如图4-14所示。

图4-14　输入并调整文本

STEP 15 更改字体为"站酷高端黑"，字体大小为"15点"，文本颜色为"白色"，在文字下方输入"自然的馈赠》"文本，并使用"圆角矩形工具" ▢ 在其下方绘制半径为"10像素"，填充为"#b41d23"的形状，如图4-15所示。

图4-15　绘制形状

STEP 16 复制STEP 14和STEP 15涉及的图层，调整其位置，并修改文本，效果如图4-16所示。

图4-16 复制图层并修改文本

STEP 17 调整商品图像和文字的位置，使其左右两侧间距相等，视觉效果更加美观，保存文件，效果如图4-17所示（配套资源:\效果文件\第4章\店招.psd）。

图4-17 常规店招效果

4.2 轮播海报设计

轮播海报位于店招与导航的下方，是店铺首页中较为醒目的部分，也是首页设计的重点，具有增加店铺人气、促进销售、提升好感度、增加信任感的作用，常用于展示店铺活动与促销信息。因此，其视觉设计至关重要，网店美工可从布局方式和设计要点来构思轮播海报。

↘ 4.2.1 轮播海报布局方式

常见的布局方式有左右布局、左中右三分式布局、上下布局和斜切布局4种类型。

● **左右布局**：是比较典型的布局方式，一般分为左图右文或左文右图两种模式。

● **左中右三分式布局**：是指海报两侧为图片，文字夹在图片之间的布局方式，相对于左右布局，左中右三分式布局更具有层次感，版面内容也更加多样化，如图4-18所示。

图4-18 左中右三分式布局

● **上下布局**：指上图下文或上文下图的布局方式。

● **斜切布局**：指通过将文字或商品倾斜，使画面产生时尚、动感、活跃效果的布局方式，如图4-19所示。

图4-19　斜切布局

↘ 4.2.2　轮播海报设计要点

一般来说，轮播海报是指2~4张海报循环播放，这样比较适合消费者的浏览节奏，并且每张海报的尺寸大小需一致。要使轮播海报达到美观、吸引消费者注意力的效果，就要规范轮播海报的尺寸，综合考虑每张海报的主题和颜色等设计要点，并且合理安排轮播海报的播放顺序。

- **规范尺寸**：常规型轮播海报的宽度可设置为950像素、750像素和190像素，其高度为300像素~500像素，图片大小要小于300KB；而全屏型（指全屏展示的海报）的尺寸为1920像素×550像素或1920像素×650像素。

- **主题明确**：主题可通过商品和文字的描述来体现。网店美工可将对商品的描述提炼为简练的主题，并将其和商品放在第一视觉点，让消费者直观地看到商品以及主题，从而明白该轮播海报所传达的信息。

- **色彩鲜明**：重要文字信息的色彩需要较为鲜明，起到强调作用；背景所采用的颜色尽量在1~3种，避免抢夺商品和文字的存在感，如图4-20所示。

图4-20　色彩鲜明

- **内容合理**：若要围绕同一商品制作不同的轮播海报，应该重点注意第1张~第2张轮播海报的视觉效果，第3张~第4张轮播海报可围绕商品的功能、制作工艺、包装等内容制作。这样每张轮播海报都有独特的内容展示。

↘ 4.2.3　制作轮播海报

首饰专卖店"SKAW崇家旗舰店"店铺制作完毕店招后，需要设计两张轮播海报用于推广热销商品。由于该商品的外观颜色中白色较多，为了衬托商品和对应店招设计，将制作以白色为主色调的两张轮播海报，另外，为增强两张海报的统一性，可采用相同背景，只改变布局和商品图像的形式制作。其具体操作步骤如下。

微课：制作轮播海报

STEP 01 新建大小为"950像素×400像素"，分辨率为"72像素/英寸"，名称为"轮播海报"的文件。

STEP 02 打开"轮播海报素材.psd"（配套资源:\素材文件\第4章\轮播海报素材.psd）文件，依次拖曳背景、"商品1"图层组中的商品到新建的文件中，依次调整图片大小与位置，如图4-21所示。

图4-21 放置素材

STEP 03 选择"戒指"图层，单击"创建新的填充或调整图层"按钮，在弹出的快捷菜单中选择"亮度/对比度"命令，在打开的"属性"面板中设置亮度、对比度分别为"49、14"。再将该调整图层创建为剪贴蒙版。

STEP 04 按照相同的方法，继续为该商品图层创建"色相/饱和度"调整图层，设置参数如图4-22所示，并创建剪贴图层，效果如图4-23所示。

图4-22 设置参数    图4-23 调色效果

STEP 05 双击该图层组右侧的空白处，在打开的对话框的左侧列表中单击选中"投影"复选框，设置颜色为"#fbbcc9"，其余参数如图4-24所示。

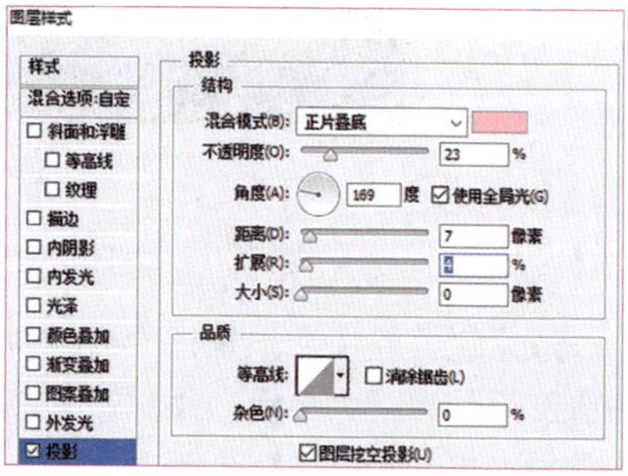

图4-24 添加投影

STEP 06 选择"横排文字工具"，设置字体为"站酷小薇Logo体"，字体大小为"64点"，文本颜色为"#f09495"，输入"珠圆玉润"文本；更改字体为"宋体"，字体大小为"24点"，输入图4-25所示的文本。

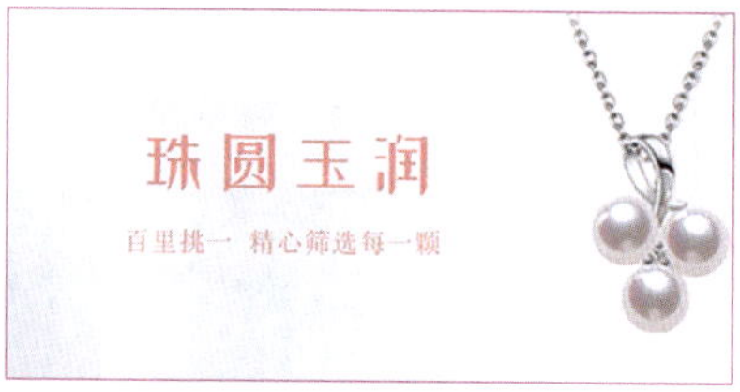

图4-25 输入文本

STEP 07 选择"直线工具"，取消填充。设置描边颜色为"#f09495"，描边宽度为"3点"，在"珠圆玉润"文字上下两侧绘制直线，如图4-26所示。

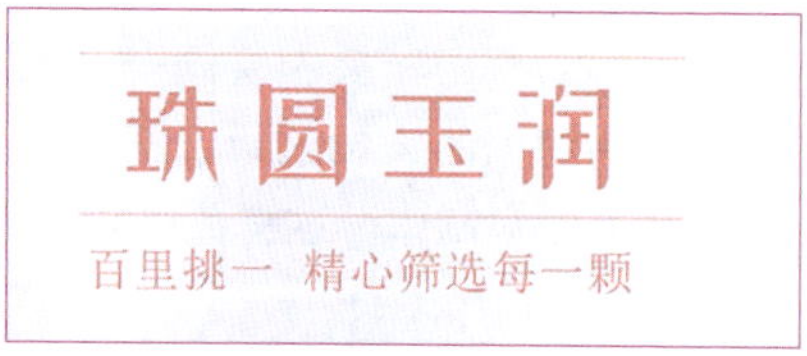

图4-26 绘制直线

STEP 08 选择"横排文字工具"，设

置字体为"宋体",字体大小为"19点",文本颜色为"#b1b1b1",在直线右上角输入"珍珠饰品专场"文本,单击"仿粗体"按钮**T**,如图4-27所示。

图4-27 输入文本

STEP 09 设置字体为"幼圆",字体大小为"21点",文本颜色为"白色",输入"点击查看>"文本。选择"圆角矩形工具" ⬜,设置填充颜色为"#f09495",取消描边,半径为"15像素",在该文本底部绘制圆角矩形。最终效果如图4-28所示(配套资源:\效果文件\第4章\轮播海报1.psd)。

图4-28 轮播海报1效果

STEP 10 按照相同的步骤重新规划布局,并置入"轮播海报素材"文件中其余的图像,完成轮播海报2的制作,效果如图4-29所示。

图4-29 轮播海报2效果

STEP 11 保存文件(配套资源:\效果文件\第4章\轮播海报2.psd)。

4.3 优惠券设计

优惠券一般位于轮播海报的下方,用于吸引消费者的注意力,并刺激消费者产生购买行为。优惠券的尺寸比较多样化,没有严格的规范,如横版尺寸可为750像素 × 390像素、1920像素 × 700像素,竖版尺寸可为750像素 × 950像素。网店美工在设计优惠券时需要将优惠金额设计得较为醒目,并且熟悉优惠券的制作原则,避免因优惠券产生纠纷。

↘ 4.3.1 优惠券的制作原则

优惠券在首页中展示的信息有限,一般只展示优惠的金额,但一张完整的优惠券内还包括优惠券的使用范围、使用条件等,这些信息只有在消费者点击领取优惠券后才会显示。

- **优惠券的使用范围**:明确使用的店铺,以及使用的方式(是在全店通用,还是适用于店内的某单款、某新品或者某系列商品),以此限定消费的对象,起到引导流量走向的作用。
- **优惠券的使用条件**:优惠券应是有条件的打折,在刺激消费者消费的同时,可以最大限度地保证商家的利润空间。
- **优惠券的使用时间限制**:网店美工应当明确优惠券使用日期。一般设置的优惠券到期时间以接近消费周期（是指一段时间内，平均一个消费者发生消费的频次）为佳。这能让消费者产生不快速使用则过期浪费的心理，从而提高消费者对优惠券的使用率。

- 优惠券的使用张数限制：如标注"每笔订单限用一张优惠券"，可以防止产生折上折的情况，保证商家的利润。
- 优惠券的最终解释权：如标注"优惠券的最终解释权归本店所有"，可以在一定程度上保留店铺在法律上的权利，避免在后期实施优惠活动时出现不必要的纠纷。

↘ 4.3.2 制作优惠券

优惠券的发放模式主要有消费满减（满就送）、会员折扣和消费者自主领取3种类型，"SKAW崇家旗舰店"店铺的装修选择设计满减优惠券，其具体操作步骤如下。

微课：制作优惠券

STEP 01 新建大小为"950像素×250像素"，分辨率为"72像素/英寸"，名称为"优惠券"的文件。

STEP 02 选择"圆角矩形工具" ⬜，设置半径为"10像素"，填充颜色为"#fbf4f5"，描边颜色为"#fb838a"，描边宽度为"1点"，绘制圆角矩形，如图4-30所示。

图4-30 绘制圆角矩形

STEP 03 选择"横排文字工具" T，设置字体为"站酷文艺体"，字体大小为"23点"，文本颜色为"#d6465b"，在圆角矩形上方输入"领券 就是省钱！"文本，如图4-31所示。

图4-31 输入文本

STEP 04 选择"直线工具" ╱，设置描边颜色为"#fa5b64"，取消填充，设置描边宽度为"2点"，在"描边类型"下拉列表框中选择第3个选项，按住【Shift】键不放，在文字左侧绘制水平虚线。然后复制该水平虚线，调整位置，如图4-32所示。

图4-32 绘制虚线

STEP 05 选择"圆角矩形工具" ⬜，设置填充颜色为"#fbeaeb"，描边颜色为"#fd9fa4"，描边宽度为"1点"，绘制圆角矩形，如图4-33所示。

图4-33 绘制圆角矩形

STEP 06 设置前景色为"#fbcfd1"，选择"钢笔工具" ✎，在工具属性栏中设置工具模式为"路径"。在圆角矩形右侧绘制不规则形状，将其转换为选区，填充前景色，接着在该图层上单击鼠标右键，在弹出的快捷菜单中选择"创建剪贴蒙版"命令，将其置入下方的圆角矩形，如图4-34所示。

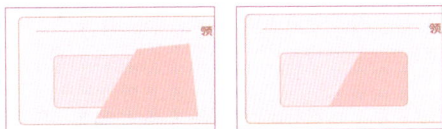

图4-34　创建剪贴蒙版

STEP 07 选择"横排文字工具" T，设置字体为"思源宋体 CN"，字体大小为"58点"，文本颜色为"#db6273"，输入"10"文本。更改字体大小为"16点"，输入"满99元使用"文本。

STEP 08 更改字体为"黑体"，字体大小为"14点"，输入"元"文本；更改文本颜色为"白色"，输入"立即领取>"文本，如图4-35所示。

图4-35　输入文字

STEP 09 选择"圆角矩形工具" ▢，取消描边，在"填充"下拉列表中单击"渐变"按钮 ▣，依次双击色标，在打开的对话框中设置渐变颜色分别为"#db6273、#fde4e4"，角度为"90"，在"立即领取>"文本下方绘制圆角矩形，如图4-36所示。

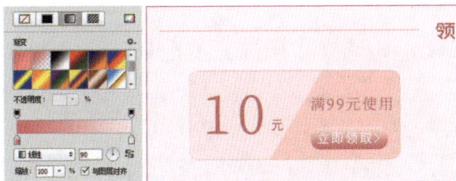

图4-36　绘制形状

STEP 10 选择所有优惠券图层，按【Ctrl+G】组合键将其创建为"组1"图层组，选择"移动工具" ▸，在工具属性栏中的"自动选择"复选框右侧的下拉列表框中选择"组"选项，按住

【Alt】键不放，并向右拖曳"组1"图层组的图像，得到第2张优惠券图像。重复操作，得到第3张优惠券图像，此时"图层"面板如图4-37所示。

图4-37　复制图层组

经验之谈

使用"移动工具" ▸ 时，单击选中工具属性栏中的"自动选择"复选框，可通过单击位置处的像素，来自动选择组或图层，这样可以省去在"图层"面板中选择图层或组的操作。

STEP 11 调整复制的图层组内图像的位置，并修改券面金额与满减条件。

STEP 12 完成后保存文件，完成优惠券的制作，最终效果如图4-38所示（配套资源:\效果文件\第4章\优惠券.psd）。

图4-38　最终效果

新手试练

某专营数码商品的店铺需要制作"10元""20元""30元"满减优惠券。为了吸引消费者的注意力，突出优惠券，网店美工可在设计优惠券时选用黄色作为主色，黑色作为辅助色，白色作为点缀色，优惠券参考效果如图4-39所示。

图4-39　优惠券参考效果

4.4 商品促销区设计

商品促销区属于店铺首页中的自定义模块，用于展示店铺中的促销活动，商家可以通过此区域向消费者推广店铺中的促销商品，提升该区域内商品的购买率。网店美工在设计商品促销区时，主要以展示商品和促销信息为主。

↘ 4.4.1 商品促销区的设计要点

网店美工在制作商品促销区时，通常会配合商品、文案、优惠价格等内容来展示促销信息，为了优化商品促销区的功能，在设计过程中需要注意以下4个方面。

- **制作规范**：商品促销区的常用尺寸为720像素×500像素，宽度不能大于750像素，但是高度可以根据商品促销区内商品的数量来设置。
- **商品文案**：商品促销区的目的是向消费者传递促销信息，因此展示促销信息的文字应该尽量简洁、明确，字数尽量在10字以内，避免文字太多降低视觉观感。而商品名称的定义也要全面、准确，能够体现商品名字和卖点。
- **商品图片**：商品图片要美观、真实，可以吸引消费者的眼球，与商品促销区适配。
- **商品挑选**：商品促销区中的商品除了可以选择店铺中优质的商品，还可选择临近下架的商品。这是因为紧近下架的商品会获得淘宝的优先展示机会，有一定的概率让消费者优先查看。但要注意，网店美工在商品下架后应及时进行调整，避免出现空位。

↘ 4.4.2 制作商品促销区

"SKAW崇家旗舰店"店铺首页需要添加商品促销区，为了与首页店招、轮播海报、优惠券的设计风格统一，在配色上准备延续白粉配色，背景色和布局延续优惠券的设计。在制作时，先制作促销区中的装饰区域，再制作单个商品的展示区，其具体操作步骤如下。

微课：制作商品促销区

STEP 01 新建大小为"950像素×561像素"，分辨率为"72像素/英寸"，名称为"耳钉商品促销区"的文件。设置前景色为"#fbf4f5"，按【Alt+Delete】组合键填充前景色。

STEP 02 选择"圆角矩形工具" ▢，设置半径为"10像素"，描边颜色为"#fb838a"，描边宽度为"1点"，绘制一个较大的圆角矩形。

STEP 03 选择"横排文字工具" T，设置字体为"站酷文艺体"，字体大小为"28点"，文本颜色为"#ff9999"，在圆角矩形内侧顶部输入"促销商品"文本，单击"仿粗体"按钮 T，如图4-40所示。

STEP 04 选择所有的图层，按【Ctrl+G】组合键为其创建图层组。

图4-40　输入文字

STEP 05 选择"矩形工具" ，设置填充颜色为"白色"，取消描边，在左侧文字下方绘制稍大的矩形；更改填充颜色为"#ffg999"，在白色矩形下方绘制等宽的小矩形；更改填充颜色为"#c82e3d"，在小矩形右方绘制等高的更小矩形，如图4-41所示。

STEP 06 置入"箭头.png"图片（配套资源:\素材文件\第4章\箭头.png），调整大小和位置。为其添加"投影"图层样式，设置颜色、不透明度、角度、距离、扩展、大小分别为"#711f27"、75%、120°、3像素、13%、5像素"，效果如图4-42所示。

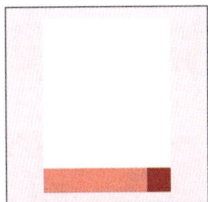

图4-41　绘制3个矩形　　图4-42　置入图片

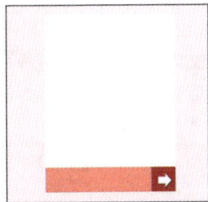

STEP 07 置入"耳钉1.jpg"图片（配套资源:\素材文件\第4章\耳钉\），调整大小和位置。并将所在的图层移至白色矩形图层上方，为其创建剪贴蒙版。

STEP 08 选择"横排文字工具" ，设置字体为"宋体"，字体大小为"9点"，文本颜色为"白色"，在白色矩形下方输入"黑水晶闪耀耳钉 原价：

¥100"文本，选中"¥100"文本，在"字符"面板上单击"删除线"按钮 。

STEP 09 更改字体为"思源黑体CN"，字体大小为"21点"，在STEP 08输入的文字右侧输入"¥50"文本，如图4-43所示。

图4-43　输入文字

STEP 10 按照STEP 04的方式将商品1的图层整理成"组2"图层组，选择"移动工具" ，在工具属性栏中的下拉列表框中选择"组"选项，按住【Alt】键不放，并向右拖曳"组2"图层组的图像，重复操作，共复制两个"组2"图层组。

STEP 11 选择3个商品所在的图层组，选择【图层】/【分布】/【水平居中】命令，3个图层的水平距离将自动调整为等距，如图4-44所示。

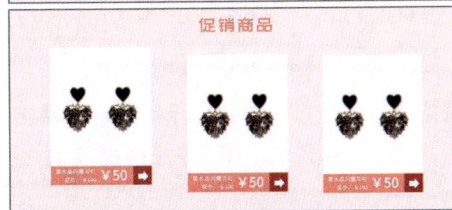

图4-44　调整图像距离

STEP 12 选择【图层】/【对齐】/【顶边】命令，3个图层的顶部位置将自动调整为同高度，如图4-45所示。

图4-45　对齐图像

经验之谈

同时选中多个图层或图层组，可以激活"对齐"与"分布"功能，其中"对齐"是指将对象按照某界限进行对齐排列，"分布"是指将对象进行等距离排列。网店美工可利用这两种功能调整图像的位置，从而使设计的画面更加整齐。

STEP 13 选中3个商品图层组，按【Ctrl＋J】组合键复制，将复制后图层组的位置移至下方。

STEP 14 置入"耳钉2.jpg~耳钉6.jpg"图片（配套资源:\素材文件\第4章\耳钉\），调整大小和位置。并依次将所在的图层移至其余5个图层组内白色矩形图层上方，删除耳钉1的图像后，为新商品图像和白色矩形创建剪贴蒙版。

STEP 15 修改其余5个图层组内的文字信息，保存文件，完成制作，最终效果如图4-46所示（配套资源:\效果文件\第4章\耳钉商品促销区.psd）

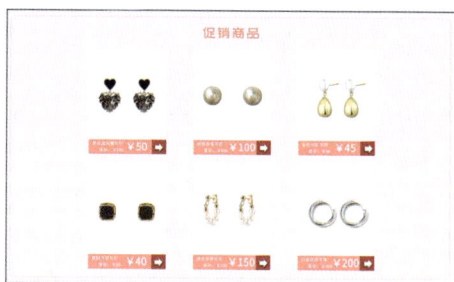

图4-46　最终效果

设计素养

网店美工在设计含有宣传、推广目的的页面模块设计时，需要注意严格按照《中华人民共和国广告法》设计，避免设计的作品中出现违反规定的文字、图像等，这样不但可以避免后续重新修改，也可以避免对消费者造成误导，以及帮助品牌、店铺和商家树立良好的形象，提升自身职业道德水平。

4.5　实战演练

↘ 4.5.1　制作家电店铺店招

栅杏家电专卖店准备更换店铺店招，要求画面简洁大方，只需明确展示店铺Logo、收藏店铺、导航条、热销商品等内容。网店美工在制作时，可以白色为主色调、蓝色为辅助色、红色与橙色为点缀色，在字体选择上以黑体为主，最终效果如图4-47所示。

图4-47　店招效果

1. 设计思路

制作本例店招的设计思路如下。

（1）新建文件，创建划分导航条的辅助线。

（2）使用文字，制作文字型的店标。

（3）绘制形状，制作收藏店铺、商品、导航条的装饰部分。

微课：制作家电店铺店招

2. 知识要点

完成本例的制作需要掌握以下知识。

（1）使用"新建参考线"命令确定导航条位置。

（2）使用"横排文字工具" T，输入店铺名称，使用"钢笔工具" 绘制装饰线，制作店铺Logo。

（3）使用"矩形工具" 、"圆角矩形工具" 和"椭圆工具" 绘制其他区域的装饰形状和标签。

3. 操作步骤

下面开始制作家电店铺店招，其具体操作步骤如下。

STEP 01 新建大小为"950像素×150像素"，背景为"白色"，分辨率为"72像素/英寸"，名称为"家电类店招"的文件。

STEP 02 选择【视图】/【新建参考线】命令，在打开的"新建参考线"对话框中设置"位置"为"120px"，如图4-48所示，单击 确定 按钮。

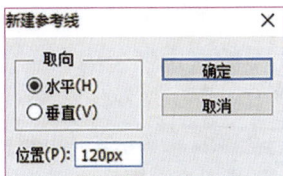

图4-48　新建参考线

STEP 03 选择"横排文字工具" T，设置字体为"黑体"，字体大小为"24点"，文本颜色为"#2b2d31"，在店招左上角

输入"栅杏家电专卖店"文本，然后选中"栅杏"两字，更改字体大小为"30点"，文本颜色为"#3458a1"。

STEP 04 新建图层，选择"钢笔工具" ，在工具属性栏中的"工具模式"下拉列表框中选择"形状"选项，取消填充，设置描边颜色为"#e4456e"，描边宽度为"1.5点"，在"栅杏"两字上方绘制曲线，如图4-49所示，按【Enter】键完成绘制。

图4-49　绘制曲线

STEP 05 重复STEP 04的操作，在"栅杏"两字下方绘制一样的曲线。

STEP 06 选择"横排文字工具" T ，设置字体为"Britannic Bold"，字体大小为"18点"，文本颜色为"#3458a1"，在文字下方输入图4-50所示的文本，再单击"仿斜体"按钮 T 。

图4-50　输入文字

STEP 07 更改字体为"宋体"，字体大小为"20点"，输入"®"文本，单击"仿粗体"按钮 T 。设置字体大小为"13点"，文本颜色为"#5a5858"，字距为"50"，输入图4-51所示的文本，完成店铺Logo和广告语的制作。

图4-51　输入店铺广告语

STEP 08 更改字体为"幼圆"，字体大小为"12点"，在广告语右侧输入"收藏店铺"文字，置入"心形.png"图形（配套资源:\素材文件\第4章\心形.png），调整大小，再将其移动至"收藏店铺"文字左侧。

STEP 09 选择"圆角矩形工具" ▢ ，取消填充，设置描边颜色为"#d81e06"，描边宽度为"0.5点"，在"描边类型"下拉列表框中选择第3个选项，绘制圆角矩形，如图4-52所示。

图4-52　绘制圆角矩形

STEP 10 选择"椭圆工具" ◯ ，设置填充颜色为"#b2bdd4"，在图像编辑区中单击，在打开的对话框中设置宽度和高度均为"67.69像素"，单击 确定 按钮，绘制正圆形，如图4-53所示。

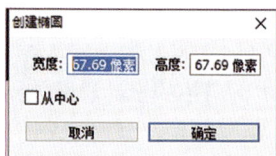

图4-53　绘制正圆

STEP 11 置入"家电1.jpg"图形（配套资源:\素材文件\第4章\家电1.jpg），调整大小和位置。

STEP 12 选择"横排文字工具" T ，设置字体为"黑体"，字体大小为"14点"，文本颜色为"黑色"，行距为"24点"，字距为"50"，输入图4-54所示的说明文本。

图4-54　输入说明文本

STEP 13 更改文本颜色为"白色"，输入"直降200元"文本，选择"矩形工具" ▢ ，设置填充颜色为"#d81e06"，在价格文字下方绘制矩形。

STEP 14 选中STEP 11到STEP 13涉及的图层，按【Ctrl＋G】整理成"组1"图层组。选择"移动工具" ✛ ，在工具属性栏中的下拉列表框中选择"组"选项，按住【Alt】键不放，并向右拖曳"组1"图层组的图像，复制该图层组，如图4-55所示。

图4-55　复制图层组

STEP 15 展开"组1 副本"图层组，删掉商品图像图层，置入"家电2.jpg"图形（配套资源:\素材文件\第4章\家电2.jpg），调整大小和位置。

STEP 16 选择"横排文字工具" T ，修改文字图层的内容，如图4-56所示。

图4-56　修改图层组内容

STEP 17 选择"矩形工具" ，设置填充颜色为"#2c416b"，围绕参考线在导航条区域绘制等高的矩形。

STEP 18 选择"横排文字工具" T ，设置

字体为"黑体"，字体大小为"16点"，文本颜色为"白色"，单击"仿粗体"按钮 T ，分别输入导航条文本，如图4-57所示。

图4-57　输入导航条文本

STEP 19 选择所有的导航条文本图层，选择【图层】/【对齐】/【垂直居中】命令，再选择【图层】/【分布】/【水平居中】命令，调整文本的间距和位置，使其变得整齐。

STEP 20 清除参考线，选择"钢笔工具" ，设置填充颜色为"#ed7330"，在"破壁机 >"文本左上角绘制标签形状。

STEP 21 选择"横排文字工具" T ，设置字体大小为"10点"，在标签形状上方输入"hot"文本。

STEP 22 保存文件，最终效果如图4-58所示（配套资源:\效果文件\第4章\家电类店招.psd）。

图4-58　最终效果

↘ 4.5.2　制作手机轮播海报

　　某手机专营店上新手机商品，其中"多色D系列""创新W系列"为主打商品，因此准备为其制作轮播海报展示在首页上，增加宣传力度。网店美工在制作时，可基于商品的定位、外观特点、材质特点等因素进行设计，突出科技感，布局可采用左右布局方式，左侧通过文案来展示商品的卖点，右侧展示对应的商品，背景可采用渐变色，丰富画面色彩，最终效果如图4-59所示。

图4-59　轮播海报效果

1. 设计思路

制作本例中的海报的设计思路如下。

（1）创建文件，并制作渐变背景，丰富画面色彩。

（2）在海报左侧添加文本，右侧添加商品图像，并强调关键区域的信息。

（3）新建同等大小的文件，将第1张轮播海报中的内容移至其中，并适当修改内容。

2. 知识要点

完成本例的制作需要掌握以下知识。

（1）使用"渐变工具" ▢ 绘制渐变色背景。

（2）使用"横排文字工具" T 输入文本，使用"圆角矩形工具" ▢ 绘制装饰。

（3）使用"渐变叠加""投影"图层样式命令强调关键区域。

微课：制作手机
轮播海报

（4）使用"复制图层""拷贝图层样式""粘贴图层样式"命令制作相同内容。

3. 操作步骤

下面开始制作轮播海报，其具体操作步骤如下。

STEP 01 新建大小为"950像素×500像素"，分辨率为"72像素/英寸"，名称为"手机轮播海报1"的文件。

STEP 02 选择"渐变工具" ▢ ，单击工具属性栏中的渐变色条，打开"渐变编辑器"对话框，双击左侧色标，设置颜色为"#3494e6"，单击 确定 按钮，再双击右侧色标，设置颜色为"#ec6ead"，单击 确定 按钮，此时渐变色条如图4-60所示，单击 确定 按钮。

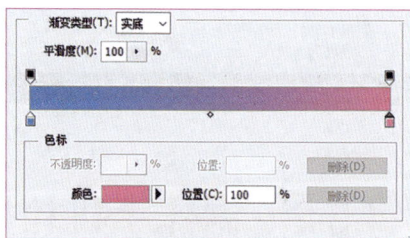

图4-60　调整渐变色条

STEP 03 将鼠标指针移至图像编辑区左上角，按住鼠标左键不放并向右下角拖曳鼠标填充背景颜色，效果如图4-61所示。

图4-61 填充背景颜色

STEP 04 选择"横排文字工具" T ，设置字体为"站酷高端黑"，字体大小为"60点"，文本颜色为"白色"，在图像编辑区左侧输入"多色D系列"文本；更改字体为"思源黑体 CN"，字体大小为"24点"，输入"超清全面屏幕 7600万4摄像头"文本。

STEP 05 选择"直线工具" ，设置填充颜色为"白色"，取消描边，按住【Shift】键绘制垂直线，如图4-62所示。

图4-62 绘制垂直线

STEP 06 选择"圆角矩形工具" ，取消描边，设置填充颜色为"白色"，在文字下方绘制形状。

STEP 07 双击圆角矩形所在图层右侧的空白处，在打开的对话框的左侧列表中单击选中"渐变叠加"复选框，在右侧设置颜色为"#a20bee~#fc008f"，调整渐变色条位置，如图4-63所示，单击 确定 按钮。

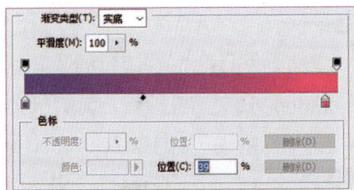

图4-63 调整渐变色条的位置

STEP 08 返回对话框，设置其他参数，如图4-64所示，单击 确定 按钮。

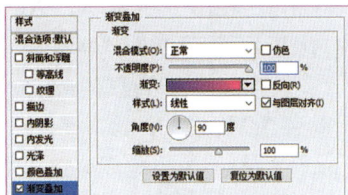

图4-64 设置渐变叠加参数

STEP 09 选择"横排文字工具" T ，设置字体大小为"23点"，在圆角矩形上方输入"点击购买>"文本，如图4-65所示。

图4-65 输入文本

STEP 10 选中除背景图层以外的图层，进入自由编辑模式。向左调整位置。

STEP 11 置入"手机1.png"图片（配套资源:\素材文件\第4章\手机1.png），调整位置和大小，为其添加"投影"图层样式，设置颜色为"#7d2858"，其他参数如图4-66所示。

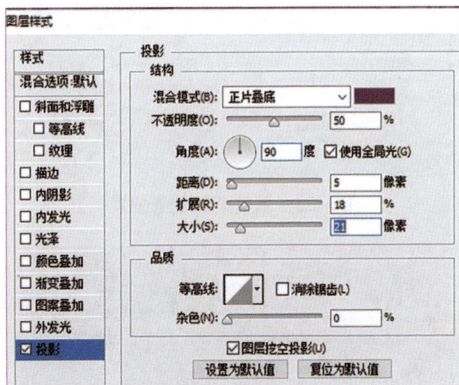

图4-66 设置投影参数

STEP 12 置入"点状图标.png"素材（配套资源:\素材文件\第4章\点状图

标.png），调整大小和位置。选择"横排文字工具" T，设置字体大小为"12点"，在图像编辑区左侧输入"2023"文本，设置图层不透明度为"46%"。

STEP 13 保存文件，完成轮播海报1的制作（配套资源:\效果文件\第4章\手机轮播海报1.psd），最终效果如图4-67所示。

图4-67 轮播海报1效果

STEP 14 按照STEP 01的方式新建相同尺寸，名称为"手机轮播海报2"的文件。选择"渐变工具" ，按照STEP 02的方式设置渐变色条为"#ff00cc~#333399"，调整渐变色条位置，如图4-68所示，填充背景颜色效果如图4-69所示。

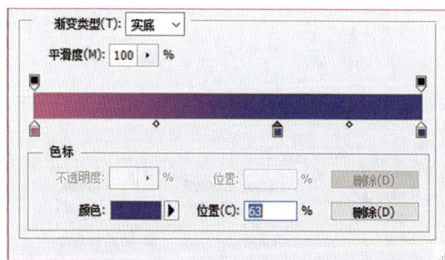

图4-68 调整渐变色条位置

图4-69 填充背景颜色

STEP 15 切换到手机轮播海报1文件中，选择除背景图层以外的图层，单击鼠标右键，在弹出的快捷菜单中选择"复制图层"命令，打开"复制图层"对话框，在"文档"下拉列表框中选择"手机轮播海报2"选项，如图4-70所示，单击 确定 按钮。

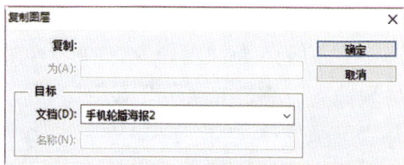

图4-70 复制图层

STEP 16 切换到"手机轮播海报2.psd"文件，修改文本内容和圆角矩形的叠加颜色(渐变颜色为"#e86620~#ffea95)，效果如图4-71所示。

图4-71 修改文本内容和圆角矩形的叠加颜色

STEP 17 置入"手机2.png"图片（配套资源:\素材文件\第4章\手机2.png），调整位置和大小。

STEP 18 选择原商品图像所在的图层，单击鼠标右键，在弹出的快捷菜单中选择"拷贝图层样式"命令，再选择新置入的商品图像的图层，单击鼠标右键，在弹出的快捷菜单中选择"粘贴图层样式"命令。

STEP 19 删除旧商品图层，双击新商品图层右侧的空白处，打开"图层样式"对话框，修改颜色为"#21262c"，不透明度为"70%"，单击 确定 按钮，如图4-72所示。

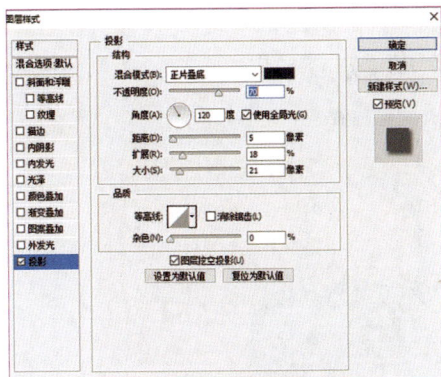

图4-72　修改投影参数

图4-73　添加"杂色"滤镜

STEP 20 此时背景和手机材质都比较光滑，为了区分材质，选择"背景"图层，选择【滤镜】/【杂色】/【添加杂色】命令，打开"添加杂色"对话框，单击选中"平均分布"单选项，设置数量为"7"，如图4-73所示，单击 确定 按钮。

STEP 21 保存文件，完成轮播海报2的制作，最终效果如图4-74所示（配套资源:\效果文件\第4章\手机轮播海报2.psd）。

图4-74　轮播海报2效果

课后练习

（1）本练习将利用"耳机素材.psd"（配套资源:\素材文件\第4章\耳机素材.psd）文件中的图像制作"尚音阁"耳机店铺的店招。数码商品的店招风格一般比较简洁，在设计时不用过多装饰，可采用不同字体的文字和几何图形。由于无彩色在配色上能够让杂乱的颜色看起来更和谐，而且视觉观感更有格调，因此在配色上可以无彩色为主色，搭配红色与橙色强调重点文字，完成后的参考效果如图4-75所示（配套资源:\效果文件\第4章\耳机店招.psd）。

图4-75　耳机店铺的店招效果

（2）本练习将利用"女包商品促销区素材.psd"（配套资源:\素材文件\第4章\女包商品促销区素材.psd）文件中的图像制作女包商品促销区。在制作时，可先确定店铺的简约风格，保证能够突出商品的质量与美观，然后制作主要商品模块，最后再制作普通商品促销模块。商品促销区整体以图片为主，搭配少量文字，营造简约、时尚的氛围，完成后的参考效果如图4-76所示（配套资源:\效果文件\第4章\女包商品促销区.psd）。

商品促销 经典款式

JING DIAN KUAN SHI 即刻探索

在时尚中透露着浓浓的
优雅与大气

RMB: **128**元

方形轮廓 青春靓丽

点击购买

¥319 /359元 | 咖色单肩包　立即购买 >>

¥349 /359元 | 卡其色水桶包　立即购买 >>

¥249 /359元 | 深咖公文包　立即购买 >>

¥379 /359元 | 新款链条包　立即购买 >>

¥249 /359元 | 链条真皮包　立即购买 >>

¥549 /359元 | 时尚单肩包　立即购买 >>

图4-76　女包商品促销区效果

第5章　商品详情页视觉设计

　　消费者在搜索到所需商品后就会点击该商品的主图，然后会直接进入该商品的详情页页面，此时消费者就会根据商品详情页中的商品焦点图、卖点说明图、信息展示图等模块，判断该商品是否符合自己的需要，是否可以下单购买。因此，商品详情页的视觉设计在店铺装修中同样重要。

技能目标：

* 熟悉商品详情页的设计规范
* 掌握焦点图的设计方法
* 掌握卖点说明图的设计方法
* 掌握信息展示图的设计方法

素养目标：

* 提高网店美工对商品详情页页面结构的规划能力
* 加强网店美工对商品详情页设计的总结与分析，提升页面的设计能力

5.1 商品详情页设计要点

商品详情页可以让消费者更加详细地了解该商品的规格、颜色、细节等信息，所以网店美工在设计商品详情页时，需要尽可能详细地展现商品的卖点，合理安排详情页模块，利用美观的页面吸引消费者的注意力，增加浏览时间，从而刺激消费者产生购买行为。

↘ 5.1.1 商品详情页制作规范

美观的商品详情页可以吸引消费者的关注和兴趣，提高商品和店铺的展现量，而为了使制作出的商品详情页规范完整，网店美工应注意以下3个方面。

- **风格一致**：商品详情页的风格应该与店铺店招、商品主图、店铺首页风格一致，以免造成店铺整体装修风格不协调的问题。
- **注意图片大小**：商品详情页使用的图片通常比较多，为了避免消费者在浏览商品详情页时出现加载过慢的问题，应尽量不使用太大的图片文件。
- **规范尺寸**：商品详情页的尺寸一般没有具体要求，但其宽度一般在790像素以内，高度可以根据模块的多少来设定。

↘ 5.1.2 商品详情页的分析与策划

商品详情页通常包括焦点图、功能展示、商品参数、使用方法、细节展示等内容。图5-1所示为"蜂花洗发水"的商品详情页，页面包含焦点图、商品参数、使用方法、商品细节展示和商品展示内容，让消费者可以清晰了解该商品的功效、使用方法以及包装信息，以免出现消费者收到货物后与所想不符的情况，也减少了咨询客服的时间，提高了消费者自主下单的概率。

图5-1 "蜂花洗发水"的商品详情页

网店美工在制作商品详情页的内容时，需要根据商品的特点策划商品详情页板块，避免千篇一律。网店美工在策划时可把握以下3点。

- **引发购买兴趣：** 焦点图可以呈现商品的销量优势、商品的功能特点、商品的促销信息等，激发消费者的潜在需求，因此网店美工可在商品详情页中添加创意型的焦点图。图5-2所示的唇膏焦点图，通过"水滴刷头"卖点文字与图片展示，突出该商品的功能特点——可以实现精准位置的涂抹，从而引发消费者的购买兴趣。

- **赢得消费者信任：** 若想通过商品详情页赢得消费者信任，可从完善商品细节、挖掘消费者痛点和商品卖点、对比同类商品、消费者好评、品牌附加值、品牌故事、商品所采用的专利、拥有后的感觉等方面入手。图5-3所示为在详情页中添加权威认证板块，保障商品品质，让消费者信任该商品的质量。

- **替消费者做决定：** 可通过添加优惠活动等板块或者文字，号召犹豫不决的消费者快速下单。图5-4所示为在商品详情页中添加优惠活动板块，以刺激消费者尽快下单。

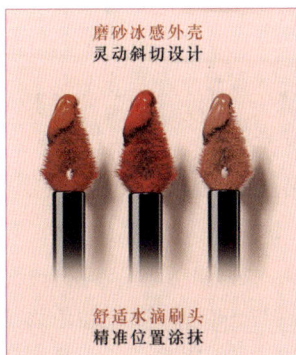

| 图5-2　引发购买兴趣 | 图5-3　赢得消费者信任 | 图5-4　替消费者做决定 |

5.2　商品详情页设计

商品详情页是促成消费者下单的关键页面，因此其核心板块的视觉设计就显得尤为重要。常见的商品详情页核心板块有焦点图、卖点说明图、信息展示图。现有"恬栢"家居旗舰店需要制作4件套的商品详情页，可从这3个板块入手制作。

↘ 5.2.1　焦点图设计

焦点图一般位于商品详情页顶部，且张数不限，由商品、主题与卖点3部分组成，它通过突出商品优势以及商品特点来吸引消费者购买该商品。网店美工在制作4件套焦点图时，为方便消费者阅读卖点文字，可使用与商品色彩接近的紫色充当文字底纹，再将该商品的特色"印花"以图片方式强调展示。其具体操作步骤如下。

微课：焦点图设计

STEP 01 新建大小为"750像素×727像素"，分辨率为"72像素/英寸"，名称为"4件套焦点图"的文件。

STEP 02 置入"4件套.jpg"图片（配套资源:\素材文件\第5章\4件套.jpg），调整图片的大小与位置，如图5-5所示。

图5-5　置入图片

STEP 03 选择"矩形工具"■，设置填充颜色为"#8d7c98"，取消描边，在图片左侧绘制矩形，如图5-6所示。

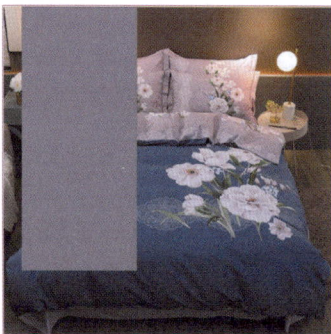

图5-6　绘制矩形

STEP 04 选择"横排文字工具"T，设置字体为"思源宋体 CN"，字体大小为"26点"，文本颜色为"白色"，输入"TIAN KUO 恬栝"文本；更改字体为"黑体"，字体大小为"35点"，输入"原创印花"文本，打开"字符"面板，单击"仿粗体"按钮T；取消仿粗体后，输入"床上用品4件套"文本，如图5-7所示。

图5-7　输入文本

STEP 05 选择"直线工具"╱，设置填充颜色为"白色"，取消描边，按【Shift】键在"原创印花"文本上方绘制直线。

STEP 06 选择"横排文字工具"T，设置字体为"黑体"，字体大小为"15点"，文本颜色为"白色"，输入图5-8所示的文本。

图5-8　输入文本

STEP 07 选择"矩形工具"■，设置填充颜色为"#8d7c98"，描边颜色为"白色"，描边宽度为"6点"，在文案下方绘制矩形，如图5-9所示。

图5-9　绘制矩形

STEP 08 置入"4件套焦点图.jpg"图片（配套资源:\素材文件\第5章\4件套焦点图.jpg），调整位置和大小。

STEP 09 将STEP 08置入的图片图层移至STEP 07绘制的形状图层上方，然后在该图层上单击鼠标右键，在弹出的快捷菜单中选择"创建剪贴蒙版"命令，创建剪贴蒙版，调整图片的位置，完成本例的制作，效果如图5-10所示（配套资源:\效果文件\第5章\4件套焦点图.psd）。

图5-10　最终效果

↘ 5.2.2　卖点说明图设计

卖点说明图可详细说明焦点图已展示的卖点，或补足其他卖点，如产地优势、制作优势、使用优势等。网店美工在制作4件套的卖点说明图时，可延续焦点图的主色调，并在顶部添加图片，增强商品卖点的说服力。其具体操作步骤如下。

微课：卖点说明图设计

STEP 01 新建大小为"750像素×600像素"，分辨率为"72像素/英寸"，名称为"4件套卖点说明图"的文件。

STEP 02 置入"卖点图装饰.png"图片（配套资源:\素材文件\第5章\卖点图装饰.png），调整位置和大小，使其位于卖点说明图顶端，如图5-11所示。

图5-11　置入装饰图片

STEP 03 选择"横排文字工具" T，设置字体为"黑体"，字体大小为"48点"，文本颜色为"#8a7a95"，在装饰图中间输入"制作3大卖点"文本，然后打开"字符"面板，设置该文本的字距

为"25"，并单击"仿粗体"按钮 T。

STEP 04 更改字体为"思源宋体 CN"，字体大小为"19点"，在文本下方输入图5-12所示的说明文字。

图5-12　输入说明文字

STEP 05 选择"矩形工具" ▢，取消填充颜色，设置描边颜色为"#8a7a95"，描边宽度为"2点"，在画面左侧绘制矩形。

STEP 06 选择"横排文字工具" T，设置字体为"黑体"，字体大小为"22点"，文本颜色为"#8a7a95"，输入"优选材料"文本，单击"仿粗体"按钮**T**。

STEP 07 更改字体为"思源宋体 CN"，字体大小为"19点"，文本颜色为"黑色"，输入图5-13所示的文本。

图5-13 输入文本

STEP 08 选择STEP 05~STEP 07创建的文字图层和形状图层，按【Ctrl+G】组合键将其创建为"组1"图层组；选择"移动工具"，在工具属性栏中设置自动选择为"组"，按【Alt】键移动并复制组；重复操作，共复制两个图层组，调整图层组的位置，使其等距分布，最后修改文本，效果如图5-14所示。

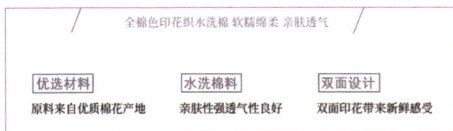

图5-14 效果展示

STEP 09 置入"棉花.jpg"图片（配套资源:\素材文件\第5章\棉花.jpg），调整位置和大小。选择该图层，单击"添加图层蒙版"按钮，创建蒙版。

STEP 10 选择"画笔工具"，设置前景色为"黑色"，设置画笔样式为"柔边圆"，画笔大小为"360"，单击蒙版缩略图后涂抹棉花图像的顶部区域，使其与背景过渡自然，如图5-15所示。

STEP 11 在工具属性栏上调整画笔的不透明度为"70%"，涂抹文本与棉花图像接触的区域，使文本内容更加突出。

图5-15 涂抹顶部区域

STEP 12 保存文件，效果如图5-16所示（配套资源:\效果文件\第5章\4件套卖点说明图.psd）。

图5-16 最终效果

新手试练

不同商品的卖点说明图展示的信息也有所不同，如服装类商品需要展示服装的设计巧思、面料特点等，请利用提供的素材（配套资源:\素材文件\第5章\雪纺裤\）试着制作一款雪纺裤的卖点说明图，参考效果如图5-17所示。

图5-17 效果展示

↘ 5.2.3　信息展示图设计

微课：信息展示图设计

　　由于消费者并不能通过商品图片来判断商品的尺寸大小、细节、外观等信息，因此，网店美工在商品详情页中还需要添加信息展示图，充分展示该商品的必要信息。网店美工在制作信息展示图时，可延续与焦点图和卖点说明图的主色调，并使用图文结合的方式展示信息。其具体操作步骤如下。

STEP 01 新建大小为"750像素×3025像素"，分辨率为"72像素/英寸"，名称为"4件套信息展示图"的文件。

STEP 02 选择"矩形工具"▢，设置填充颜色为"#8d7c98"，取消描边，在图像编辑区顶部绘制矩形，如图5-18所示。

图5-18　绘制矩形

STEP 03 选择"横排文字工具"Ｔ，设置字体为"黑体"，字体大小为"35点"，文本颜色为"白色"，输入"全棉水洗棉面料 纵情舒适"文本；更改字体为"Arial"，字体大小为"20点"，输入"THE COTTON COMFORT"文本；

STEP 04 选择"直排文字工具"ＩＴ，设置字体为"黑体"，字体大小为"32点"，文本颜色为"白色"，输入"》"文本并调整其方向和大小；

STEP 05 选择"直线工具"╱，设置填充颜色为"白色"，取消描边，按【Shift】键在英文文本上方绘制直线，如图5-19所示。

图5-19　绘制直线

STEP 06 选择"矩形工具"▢，设置填充颜色为"#fff2e2"，在文本下方绘制矩形，置入"4件套展示图1.jpg"图片（配套资源:\素材文件\第5章\4件套展示图1.jpg）到矩形上方，使用"创建剪贴蒙版"命令将其置入下方的矩形，调整图片的大小与位置，如图5-20所示。

图5-20　添加素材

STEP 07 选择"矩形工具"▢，设置填充颜色为"#8d7c98"，取消描边，在图片下方绘制矩形，如图5-21所示。

图5-21　绘制矩形

STEP 08 选择"钢笔工具"⌀，在矩形左上角绘制不规则形状，并使用"创建剪贴蒙版"命令将其置入下方的矩形，如图5-22所示。

图5-22　绘制不规则形状并创建剪贴蒙版

STEP 09 选择"直线工具"╱，设置填充颜色为"白色"，取消描边，并使用与STEP 08同样的方法将其置入下方矩形，如图5-23所示。

图5-23　绘制直线并创建剪贴蒙版

STEP 10 选择"横排文字工具" T ，设置字体为"黑体"，字体大小为"20点"，文本颜色为"#9779b9"，在绘制的形状内输入"亲肤柔软面料"文本，按【Ctrl+T】组合键进入自由变换状态，在工具属性栏中设置旋转角度为"-45度"，如图5-24所示。

图5-24　输入并旋转文本

STEP 11 选择"横排文字工具" T ，设置字体为"黑体"，字体大小为"50点"，文本颜色为"白色"，输入"亲肤面料"文本；更改字体大小为"18点"，输入图5-25所示的文本。

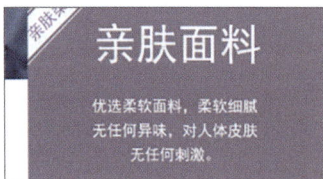

图5-25　输入文本并绘制直线

STEP 12 选择"直线工具" ✎ ，取消填充，设置描边颜色为"白色"，描边宽度为"4点"，在"亲肤面料"文本下方绘制直线。

STEP 13 选择"矩形工具" ▢ ，设置填充颜色为"白色"，在紫色矩形右侧再绘制一个矩形，置入"4件套展示图2.jpg"图片（配套资源:\素材文件\第5章\

4件套展示图2.jpg），添加到白色矩形上方，使用"创建剪贴蒙版"命令将其置入下方白色矩形，调整图片的大小与位置，如图5-26所示。

图5-26　置入图片并创建剪贴蒙版

STEP 14 选择"矩形工具" ▢ ，设置填充颜色为"#8d7c98"，在图片下方绘制3个矩形，并调整矩形的位置。

STEP 15 打开"4件套细节图.psd"文件（配套资源:\素材文件\第5章\4件套细节图.psd），将该文件中所有图片分别移动到STEP 14绘制的矩形上，并使用"创建剪贴蒙版"命令创建剪贴蒙版，如图5-27所示。

图5-27　添加素材并创建剪贴蒙版

STEP 16 选择"矩形工具" ▢ ，取消填充，设置描边颜色为"#9779b9"，描边宽度为"1点"，按【Shift】键绘制矩形；复制矩形，并调整复制矩形的填充颜色为"#9779b9"，取消描边，调整矩形位置，如图5-28所示。

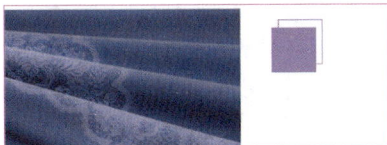

图5-28 绘制与复制矩形

STEP 17 选择"横排文字工具" T，设置字体为"黑体"，字体大小为"38点"，文本颜色为"白色"，在矩形内输入"01"文本；更改文本颜色为"#9779b9"，输入"全棉面料+双面印染"文本；更改字体大小为"20点"，设置文本颜色为"#666666"，输入图5-29所示的文本。

图5-29 输入文本

STEP 18 选择STEP 16和STEP 17中创建的所有图层，按【Ctrl+G】组合键将其创建为组，选择该图层组，按【Alt】键移动并复制组，共复制两个组，最后修改其中的文本，如图5-30所示。

图5-30 复制组并修改文本

STEP 19 选择STEP 02~STEP 05中创建的所有图层，按【Ctrl+G】组合键将其创建为组，选择该图层组按【Alt】键移动并复制组，将其中的文本修改为与"情景展示"相关的文本，如图5-31所示。

图5-31 复制组并修改文本

STEP 20 选择"矩形工具" ，设置填充颜色为"#8d7c98"，绘制两个矩形，并调整矩形的位置。

STEP 21 打开"4件套情景展示.psd"（配套资源:\素材文件\第5章\4件套情景展示.psd）文件，将文件内所有的图片分别移动到STEP 20绘制的矩形上方，使用"创建剪贴蒙版"命令创建剪贴蒙版。

STEP 22 保存文件完成本例的制作，最终效果如图5-32所示（配套资源:\效果文件\第5章\4件套信息展示图.psd）。

图5-32 最终效果

图5-32　最终效果（续）

5.3　实战演练

↘ 5.3.1　制作风扇焦点图

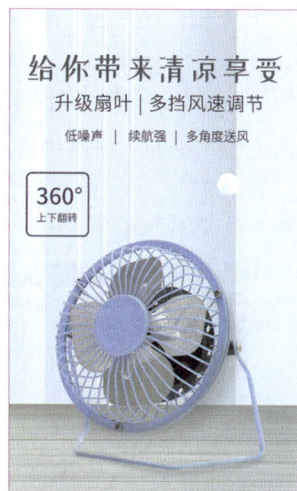

某小家电专营店准备为风扇商品制作商品详情页中的焦点图，要求在焦点图中明确展示该商品的外观、使用场景、功能、卖点等内容。网店美工在制作该焦点图时，可采用与商品外观同色的色彩为主色调，使整个画面色彩更加自然、统一，最后添加卖点文字，并为其添加装饰，最终效果如图5-33所示。

1. 设计思路

制作风扇焦点图的设计思路如下。

（1）通过搭建使用场景来制作背景。

（2）添加商品图片，并为其绘制投影，使商品与背景融合得更自然。

（3）输入卖点文字，绘制装饰物丰富焦点图。

2. 知识要点

完成本例的制作需要掌握以下知识。

图5-33　焦点图效果

（1）使用"矩形工具" ▢ 与"创建剪贴蒙版"命令，构建使用场景。

（2）使用"画笔工具" ✐ 绘制商品的投影。

（3）使用"横排文字工具" T 输入卖点文字；使用"圆角矩形工具" ▢ 绘制装饰物。

微课：制作风扇
焦点图

3. 操作步骤

以下为风扇焦点图的制作方法，其具体操作步骤如下。

STEP 01 新建大小为"750像素×1230像素"，分辨率为"72像素/英寸"，名称为"风扇焦点图"的文件。选择"矩形工具" ▣，绘制与图像编辑区等大的白色矩形。

STEP 02 置入"风扇桌面.png"图片（配套资源:\素材文件\第5章\风扇桌面.png），调整图片的大小与位置，并为其和白色矩形创建剪贴蒙版。置入"风扇背景.jpg"图片（配套资源:\素材文件\第5章\风扇背景.jpg），使用相同的方法完成背景制作，如图5-34所示。

STEP 03 置入"风扇.png"图片（配套资源:\素材文件\第5章\风扇.png），调整图片的大小与位置。单击"创建新的填充和调整图层"按钮 ◐，在弹出的快捷菜单中选择"自然饱和度"命令，在打开的"属性"面板中设置自然饱和度和饱和度为"+5、+24"，并为图层和风扇图像创建剪贴蒙版，如图5-35所示。

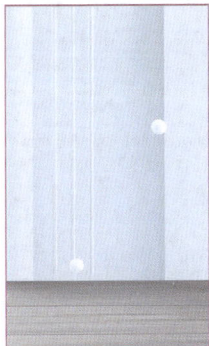

图5-34　制作背景　　图5-35　调整商品颜色

STEP 04 新建图层，选择"画笔工具" ✐，设置前景色为"#475668"，画笔样式为"柔边圆"，画笔大小为"25"，不透明度为"57%"，在风扇右下角区域绘制阴影。更改画笔大小为"80"，不透明度为"36%"，围绕绘制的阴影再涂抹一遍，使阴影过渡自然，最后调整该图层的不透明度为"46%"，如图5-36所示。

图5-36　绘制阴影

STEP 05 选择"横排文字工具" T，设置字体为"站酷小薇Logo体"，字体大小为"80点"，文本颜色为"#3a4a60"，在焦点图顶部区域输入"给你带来清凉享受"文本；更改字体为"思源黑体CN"，字体大小为"48点"，输入"升级扇叶 | 多挡风速调节"文本；更改字体大小为"33点"，输入图5-37所示的文本。

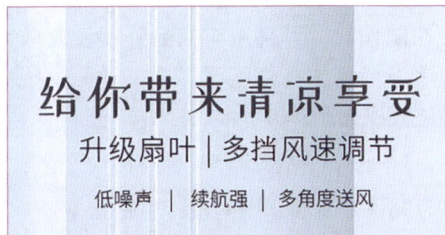

图5-37　输入文本

STEP 06 选择"圆角矩形工具" ▢，取消填充，设置描边颜色为"#173664"，描边宽度为"4点"，半径为"15像素"，单击，打开"创建圆角矩形"对话框，在对话框中设置宽度和高度均为"161像素"，如图5-38所示，单击 确定 按钮，然后将创建的形状移至文字的左下侧区域。

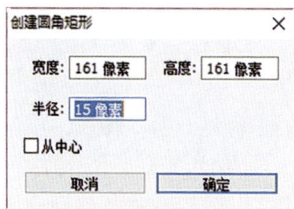

图5-38　设置宽度和高度

STEP 07 选择"横排文字工具" T，设置字体为"思源黑体 CN"，字体大小为"56点"，文本颜色为"#173664"，在绘制的形状中间输入"360°"文本；更改字体大小为"26点"，输入"上下翻转"文本。

STEP 08 保存文件，效果如图5-39所示（配套资源:\效果文件\第5章\风扇焦点图.psd），完成制作。

图5-39　焦点图效果

5.3.2　制作电动牙刷信息展示图

某店铺准备为型号"011"的电动牙刷制作商品详情页，要求在其中添加信息展示图，明确商品的各项信息，包含商品型号、电池容量、额定功率等。由于文字较多，为了避免单调，网店美工在制作时，可采用与商品外观反差较大的色彩或者渐变色作为主色调，丰富画面的视觉效果，最终效果如图5-40所示。

1. 设计思路

制作本例展示图的设计思路如下。

（1）绘制渐变背景和文字的底纹。

（2）添加商品图片，优化视觉效果。

（3）输入文字展示商品信息。

（4）绘制图示区域和装饰物。

2. 知识要点

完成本例的制作需要掌握以下知识。

（1）使用"渐变工具" 填充背景颜色；使用"矩形工具" 绘制文本底纹。

（2）使用"投影"图层样式制作商品投影。

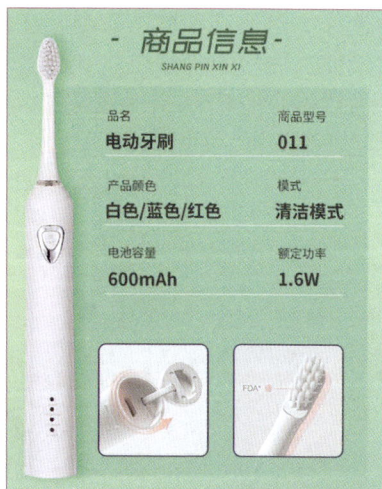

图5-40　电动牙刷信息展示图效果

微课：制作电动牙刷信息展示图

（3）使用"横排文字工具" T 输入文本；使用"矩形工具" ▣ 绘制文本装饰线。

（4）使用"创建剪贴蒙版"命令制作图示区域。

3. 操作步骤

以下为电动牙刷信息展示图的制作方法，其具体操作步骤如下。

STEP 01 新建大小为"750像素×930像素"，分辨率为"72像素/英寸"，名称为"电动牙刷信息展示图"的文件。

STEP 02 选择"渐变工具" ▣ ，单击渐变条，打开"渐变编辑器"对话框，设置左侧色标的颜色为"#a1ffce"，右侧色标的颜色为"#faffd1"，单击 确定 按钮，将鼠标指针移至图像编辑区顶端，按住鼠标左键不放，向底部拖曳填充背景颜色。

STEP 03 选择"矩形工具" ▣ ，设置填充颜色为"#9ef3c6"，取消描边，在图像编辑区单击，打开"创建矩形"对话框，设置宽度、高度分别为"636像素、810像素"，如图5-41所示，单击 确定 按钮，将创建的矩形移动到合适的位置。

STEP 04 置入"电动牙刷.png"图片（配套资源:\素材文件\第5章\电动牙刷.png），调整位置和大小，使其位于信息展示图左侧，如图5-42所示。

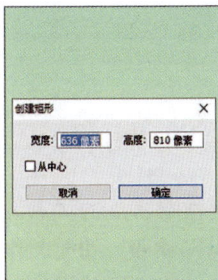

图5-41　创建矩形　　图5-42　置入图片

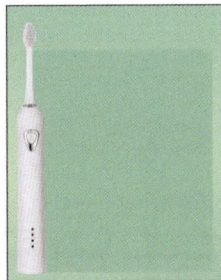

STEP 05 为"牙刷"图层添加"投影"图层样式，并与文本颜色形成呼应。相关参数如图5-43所示。

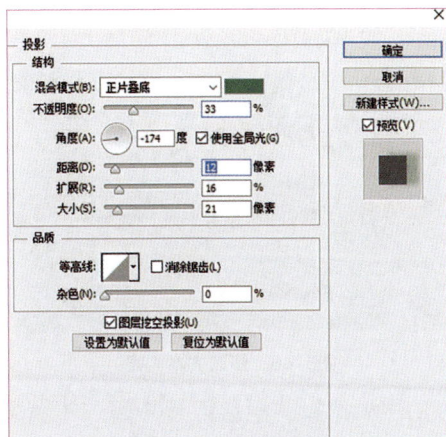

图5-43　设置投影参数

STEP 06 选择"横排文字工具" T ，设置字体为"站酷文艺体"，字体大小为"64点"，文本颜色为"#457c5a"，输入"–商品信息–"文本，打开"字符"面板，单击"仿斜体"按钮 T ；更改字体大小为"18点"，输入图5-44所示的文本，再单击"仿粗体"按钮 T 。

图5-44　输入文本

STEP 07 设置字体为"思源黑体CN"，字体大小为"24点"，文本颜色为"#415248"，输入"品名"文本；更改字体样式为"Bold"，字体大小为"34点"，在文本下方输入"电动牙刷"文本，如图5-45所示。

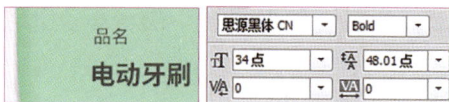

图5-45　更改字体样式并输入文本

STEP 08 选中STEP 07输入的两个文字图层，共复制5次，调整位置并修改文本内容，效果如图5-46所示。

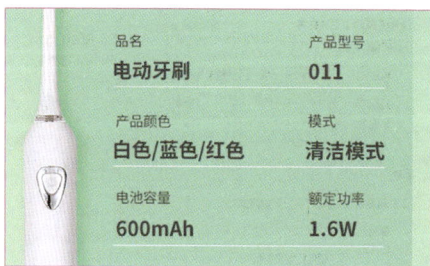

图5-46　修改文本内容

STEP 09 选择"矩形工具" ，设置填充颜色为"白色"，取消描边，在第二排文字下方绘制窄窄的矩形。复制两次绘制的矩形，并调整位置。

STEP 10 选择"圆角矩形工具" ，设置填充颜色为"白色"，描边颜色为"#143460"，描边宽度为"2点"，半径为"15像素"，单击，打开"创建圆角矩形"对话框，设置宽度和高度均为"217像素"，单击 确定 按钮，然后将创建的形状移至牙刷右下侧区域。

STEP 11 复制STEP 10绘制的形状，将其移动到右侧，分别置入"刷头.jpg、牙刷底部.jpg"图片（配套资源:\素材文件\第5章\刷头.jpg、牙刷底部.jpg），调整大小，再分别将图片移动到两个圆角矩形上方，图层也同理，再分别创建剪贴蒙版。

STEP 12 保存文件，最终效果如图5-47所示（配套资源:\效果文件\第5章\电动牙刷信息展示图.psd）。

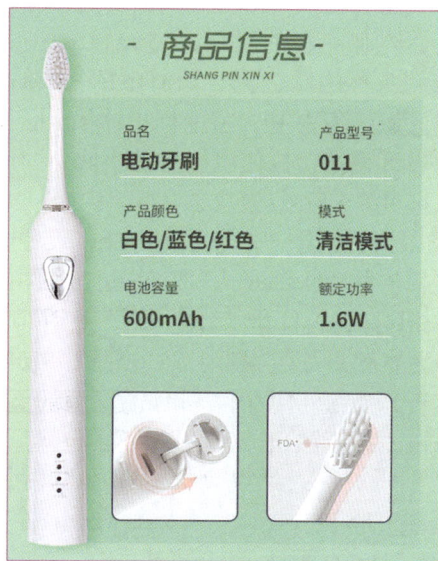

图5-47　最终效果

课后练习

（1）本练习将利用素材（配套资源:\素材文件\第5章\哈密瓜\）制作哈密瓜的卖点说明图。网店美工在制作卖点说明图时，首先绘制装饰框，然后利用"剪贴蒙版"功能制作图示，使整体更加美观，然后搭配卖点说明文字，讲解商品的卖点。参考效果如图5-48所示（配套资源:\效果文件\第5章\哈密瓜卖点说明图.psd）。

（2）本练习将利用素材（配套资源:\素材文件\第5章\棉袜.jpg）制作棉袜焦点图。网店美工在制作过程中，可使用形状工具组内的工具绘制装饰物，如文字底纹、波纹、圆点等，结合蒙版功能调整显示范围，输入商品名称，并使用矩形装饰文字，强调商品的信息，达到吸引消费者注意力的目的，参考效果如图5-49所示（配套资源:\效果文件\第5章\棉袜焦点图.psd）。

图5-48　哈密瓜卖点说明图效果

图5-49　棉袜焦点图效果

第6章　装修店铺

　　使用Photoshop制作出的图片通常需要先进行切片处理，并使用平台的素材中心进行上传和管理，然后才能进行店铺装修。因此，网店美工需要熟练掌握图片切片，管理素材中心、店铺装修模块，添加热区等操作，从而更好地完成店铺装修工作。

技能目标：

* 掌握图片切片与保存的方法
* 掌握编辑店铺装修模块的方法
* 掌握添加热区的方法

素养目标：

* 通过精细切片培养网店美工耐心细致的工作态度
* 培养网店美工不断学习、运用各种电子商务常用工具和软件的能力

6.1　使用素材中心

店铺装修中所使用的商品图片都需要预先存储在素材中心，如此网店美工在进行店铺装修时，才能直接从中取用商品图片。但是素材中心对图片的尺寸和大小有具体要求，因此，为了能够将图片正常地上传到素材中心，网店美工需要先对图片进行切片。

↘ 6.1.1　图片切片与保存

使用Photoshop的切片工具，可以将一张图片分割成若干不同大小的小图，以此满足素材中心的上传要求。在切片时，网店美工需要注意一些事项，以免破坏图片的完整性或者导致切片后的图片错位。

1. 图片切片与保存的注意事项

除了耐心地将图片完整切片，网店美工还需注意以下3个事项。

- 切片的参考线：通过Photoshop的标尺和参考线功能，可为图片创建切片的参考线。在切片时，基于参考线的切片区域比直接手绘的切片区域更精确。
- 切片的位置：在切片时，尽量不将一个模块的完整图片切开，以免因操作或网速问题使图片不能完整地被呈现出来。
- 切片存储的格式：在存储切片时，可以单独为各个切片设置存储格式。切片存储的格式不同，其大小与效果也会有所不同。一般情况下，色彩丰富、尺寸较大的图片切片，可选用JPEG格式（也叫JPG格式）存储；尺寸较小、色彩单一和背景透明的图片切片，可选用GIF或PNG-8格式存储；半透明、不规则以及圆角的图片切片，则可选用PNG-24格式存储。

2. 图片切片与保存的方法

网店美工在对图片切片时，可以使用参考线规划切片的范围，再使用切片工具或切片选择工具进行切片。例如，对某店铺的促销商品板块进行切片，需要先新建参考线划分出各商品。再切片并存储图片。其具体操作步骤如下。

微课：图片切片与保存的方法

STEP 01 打开"耳钉商品促销区.jpg"图片（配套资源:\素材文件\第6章\耳钉商品促销区.jpg）。

STEP 02 选择【视图】/【标尺】命令，或按【Ctrl+R】组合键打开标尺，从左侧和顶端拖曳参考线，使其与各商品图片的上下、左右对齐，划分出切片区域，如图6-1所示。

STEP 03 单击工具箱中的"裁剪工具"，如图6-2所示，在打开的工具组中

选择"切片工具"，再在工具属性栏中单击 **基于参考线的切片** 按钮。

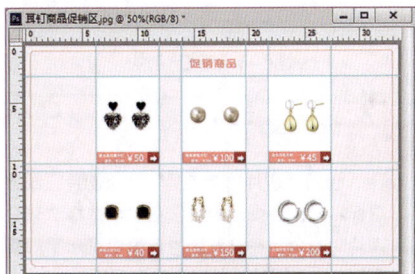

图6-1　添加参考线

图6-2 选择"切片工具"

STEP 04 图片基于参考线被等分成多个小块，并且左上角标有数字用于区分每个区域，如图6-3所示。

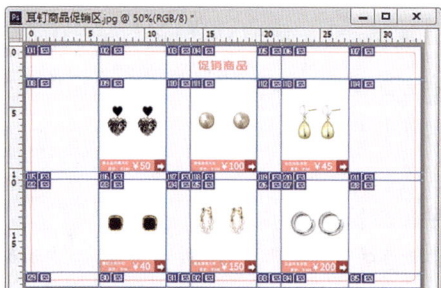

图6-3 切片效果

经验之谈

图片切片后，切片成功的图片将以蓝色的框进行显示，且每个框的左上角都标注了切片的编号。若切片为灰色，表示该切片不能存储，需要重新切割。

STEP 05 选择"切片选择工具" ，在"01"区域单击，此时将出现黄色框，拖曳黄色框到"07"区域，然后依次选择02~07区域并将其删除，此时01~07区域将组合为1张切片，如图6-4所示。

图6-4 组合切片

经验之谈

使用"切片选择工具"选择切片，单击鼠标右键，在弹出的快捷菜单中选择"划分切片"命令，在打开的对话框中可水平或垂直划分一张图片为多张均等的切片。

STEP 06 放大图片比例，可发现右侧的黄色框并没有与图片边缘对齐，将鼠标指针移至右侧黄色框上，当鼠标指针变为 时，按住鼠标左键不放并拖曳鼠标，调整黄色框的范围，将顶部图片完全包裹在黄色框内，如图6-5所示。

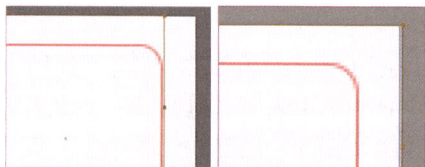

图6-5 调整切片框

STEP 07 选择"切片选择工具" ，双击需要设置链接网址的切片，打开"切片选项"对话框，在其中可设置切片的名称、URL等，完成后单击 确定 按钮。

STEP 08 按照STEP 05和STEP 06的方式将除商品图像外的区域，分别合并成切片，效果如图6-6所示。

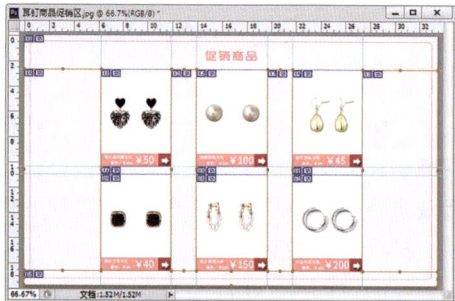

图6-6 合并其他切片

STEP 09 选择【文件】/【存储为Web所用格式】命令，打开"存储为Web所用格式"对话框，在"优化的文件格式"下拉列表框中选择"JPEG"选项，在"品质"数值框中输入"100"，如图6-7所示。

经验之谈

在"存储为Web所用格式"对话框中，为了方便观察全图，可在底部设置"缩放比例"。

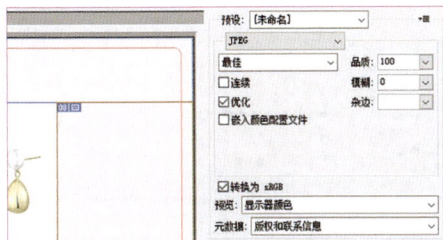

图6-7　优化切片

STEP 10 设置完成后单击 **存储…** 按钮，在打开的对话框中设置保存位置与保存名称，如图6-8所示。

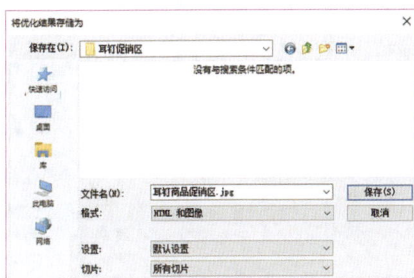

图6-8　存储切片

STEP 11 单击 **保存(S)** 按钮，在弹出的提示框中单击 **确定** 按钮，完成切片的存储。

STEP 12 在保存路径下查看保存效果，此时可以看到一个HTML网页文件，以及一个名称为"images"的文件夹，如图6-9所示（配套资源:\效果文件\第6章\耳钉商品促销区\）。其中，images文件夹中包含了所有创建的切片。

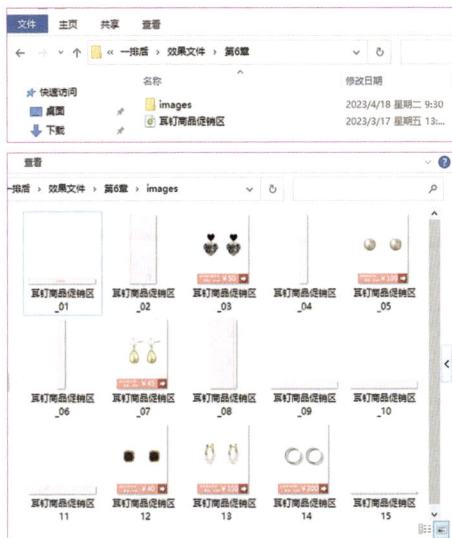

图6-9　保存效果

↘ 6.1.2　上传图片到素材中心

素材中心是淘宝商家的线上存储空间，具有安全稳定、管理方便和浏览快速等优点，可以存储普通图片、视频、音乐和动图。网店美工在装修店铺前，可以先将相关资料上传到素材中心，以便后期自由取用。其具体操作步骤如下。

STEP 01 登录淘宝网账号，进入千牛卖家工作台页面，在"店铺"栏中的"店铺管理"选项卡中单击"店铺素材"超链接，进入素材中心，如图6-10所示。

微课：上传图片到素材中心

图6-10　进入素材中心

STEP 02 在页面上单击"我的素材"选项，在页面右侧单击 新建文件夹 按钮，打开"新建文件夹"对话框，输入用于上传图片的分组名称，在此处输入"耳钉促销"，单击 确定 按钮，如图6-11所示。

图6-11 新建文件夹

STEP 03 在素材中心页面上双击打开新建的"耳钉促销"文件夹，在页面右上方单击 上传 按钮，如图6-12所示。

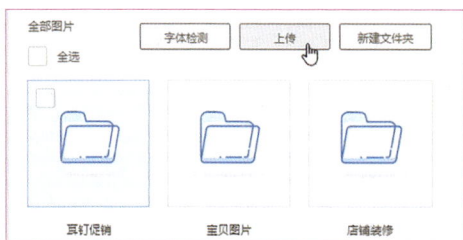

图6-12 上传图片

STEP 04 打开"上传图片"对话框，单击"上传"超链接，如图6-13所示。

图6-13 "上传图片"对话框

STEP 05 打开"打开"对话框，选择图片所在路径，并在其中选择需要上传的图片，按住【Ctrl】键不放，依次单击需要上传的多张图片，再单击 打开(O) 按钮，如图6-14所示。

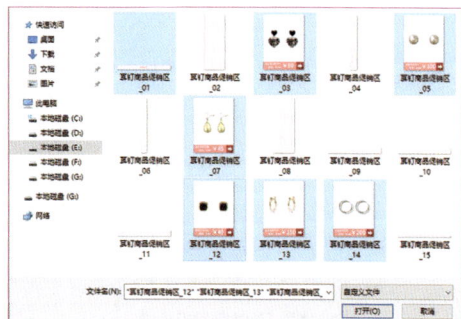

图6-14 选择上传的图片

STEP 06 完成上传后，会打开"上传结果"对话框，如图6-15所示，单击右下角的 添加更多素材 按钮可继续进行上传，其中会显示图片的名称、大小等信息。

图6-15 "上传结果"对话框

STEP 07 单击 确定 按钮完成上传，可在素材中心的"耳钉促销"文件夹中查看上传的图片，如图6-16所示。

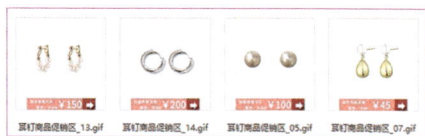

图6-16 上传完成的图片

↘ 6.1.3　编辑素材中心图片

为了更好地浏览和查找图片，网店美工往往需要在上传完图片后对其重命名，或将图片放入指定的文件夹。由于素材中心的容量有限，因此网店美工需要不定期清理不使用的图片，为之后需要上传的其他图片素材腾出空间。其具体操作步骤如下。

微课：编辑素材中心图片

STEP 01 上传完图片后，在存放图片的文件夹中双击图片，打开图片详情，单击图片下方的 ✐ 编辑 按钮，如图6-17所示。

图6-17　编辑图片

STEP 02 打开"编辑图片"对话框，在图片名称的文本框中输入"黑水晶闪耀耳钉"，如图6-18所示，单击 保存 按钮。

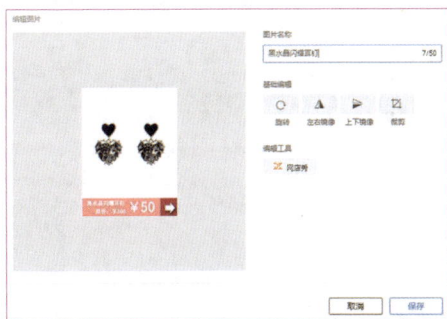

图6-18　重命名图片

STEP 03 选中需要移动存放位置的图片，单击 移动到 超链接，如图6-19所示，打开"文件夹移动到"对话框，选择图片的移动路径为"宝贝图片"，如图6-20所示，单击 确定 按钮完成移动图片的操作。

图6-19　选择图片

图6-20　选择图片的移动路径

STEP 04 此时，发现文件夹中有不需要使用的图片，将鼠标指针移动到想要删除的图片上，图片就会变成图6-21所示的效果，单击右下角的 🗑 按钮，在弹出的提示框中单击 确定 按钮。

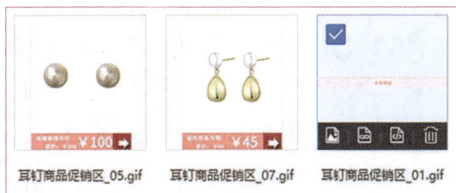

图6-21　删除图片

6.2 店铺装修模块

店铺页面一般由不同的模块组成，因此，店铺装修通常建立在模块装修的基础上，即通过分别装修每个模块，完成整个店铺的装修。由于部分模块上的内容需要添加跳转链接，以此达到消费者单击该链接，即可跳转到对应页面的效果，因此网店美工还需要采用热区＋源代码的方式装修。

6.2.1 认识装修模块

模块是店铺页面的基础组成部分，商品和页面装修都依托模块存在，因此，网店美工应该充分地掌握模块的相关内容。除了前文介绍的店招、商品详情页模块等，常用的模块还有宝贝推荐、宝贝排行、默认分类、个性分类、自定义区、图片轮播等。图6-22所示的界面左侧为常用装修模块。

图6-22 装修模块

6.2.2 模块装修

模块装修常用在模块内容只需要纯图片且不需要添加跳转链接的情况下。模块装修的形式多样，可划分为常规模块装修和自定义模块装修。

1. 常规模块装修

在装修PC端店铺时，平台提供有店招和图片轮播模块等常规模块，这些模块不需要网店美工自行添加，且装修方法类似，一般只需要替换模块中的图片即可，但在装修没有导航条的店招时，则需要手动添加导航条内容，保障店招内容的完整性。其具体操作步骤如下。

微课：常规模块装修

STEP 01 登录淘宝网，进入千牛卖家工作台页面，将"籁轻家居店招.jpg"图片（配套资源:\素材文件\第6章\籁轻家居店招.jpg）上传到素材中心的"店铺装修"文件夹中。

STEP 02 在千牛卖家工作台页面左侧列表中单击"店铺"栏中的"店铺装修"选项卡，展开选项卡后选择"PC店铺装修"选项，再单击界面中"首页"名称后的 装修页面 按钮，进入首页的装修页面。

STEP 03 单击店招模块右侧的 编辑 按钮，如图6-23所示，打开"店铺招牌"对话框，单击"背景图"栏中的 选择文件 按钮，在"店铺装修"栏中选择"籁轻家居店招.jpg"图片，取消选中"是否显示店铺名称"复选框，如图6-24所示。

图6-23　单击"编辑"按钮

图6-24　选择店招图片

STEP 04 单击 保存 按钮，返回装修页面可看到店招上传后的效果，如图6-25所示。

图6-25　店招上传后的效果

STEP 05 单击导航条右侧的 编辑 按钮，如图6-26所示。打开"导航"对话框，单击 添加 按钮，打开"添加导航内容"对

话框，单击选中需要在导航条中显示的分类选项前的复选框，如图6-27所示，然后依次单击 确定 按钮保存设置。

图6-26　编辑导航条

图6-27　添加导航内容

经验之谈

若之前并未添加宝贝分类，可在"添加导航内容"对话框中单击"立即添加"超链接进入"宝贝分类"页面设置，设置完毕后，需要重新进入"导航"对话框才能生效。若是已经添加分类可单击"管理分类"超链接，在打开的对话框中重新编辑宝贝分类。

STEP 06 返回"导航"对话框，单击分类后的↑按钮或↓按钮。调整导航显示顺序，如图6-28所示，单击 确定 按钮保存设置。

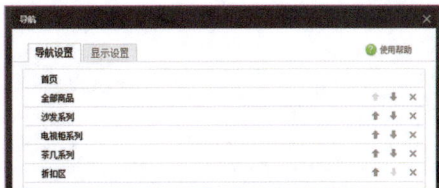

图6-28　调整导航显示顺序

STEP 07 返回装修页面可看到装修导航

条后的效果，如图6-29所示。

STEP 08 观察画面可发现导航条颜色与店招并不相配。在装修页面左侧单击"配色"按钮 ◙，在打开的页面中单击选择

"明亮黄"选项。

STEP 09 在装修页面的右上方单击 预览 按钮预览店招效果，如图6-30所示。

图6-29 装修导航后的效果

图6-30 预览店招装修效果

2. 自定义模块装修

使用常规模块装修时，模块的位置和尺寸通常是固定的，如果网店美工设计的页面与模块的要求不一致，可以使用自定义模块装修。自定义模块的装修方法与常规模块装修方法类似，直接添加自定义模块到目标位置并上传图片即可，如这里在"轮播海报"下方添加优惠券，其具体操作步骤如下。

微课：自定义模块装修

STEP 01 在"模块"栏右侧的"950"选项卡下方选择"自定义区"模块，将其拖曳到"轮播海报"模块下方，完成"自定义区"模块的添加，如图6-31所示。

STEP 02 在"自定义区"模块上单击 ✎编辑 按钮，打开"自定义内容区"对话框，单击"插入图片空间的图片"按钮 🖾，如图6-32所示。

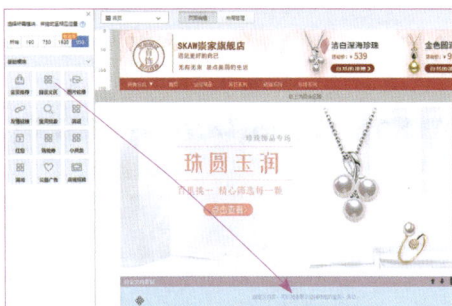

图6-31 添加"自定义区"模块

图6-32 单击"插入图片空间的图片"按钮

STEP 03 在"全部图片"列表中选择"店铺装修"文件夹，选择"优惠券.jpg"图片后，图片的右上角会出现✅标记，如图6-33所示。单击 插入 按钮，再单击 完成 按钮，返回"自定义内容区"对话框。

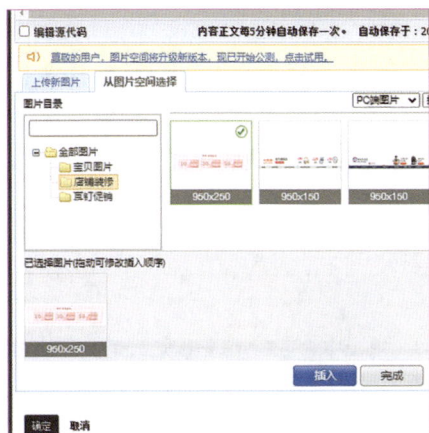

图6-33 选择图片

STEP 04 查看插入的空间图片，单击选中"不显示"单选项隐藏标题，如图6-34所示。

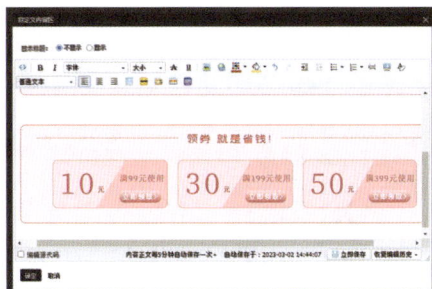

图6-34 隐藏标题

STEP 05 单击 确定 按钮后，自动返回装修页面，单击 预览 按钮预览装修效果，如图6-35所示。

图6-35 预览装修效果

↘ 6.2.3 热区+源代码装修

在实际装修中，经常会遇到装修内容需要添加跳转链接的情况，此时，网店美工就需要运用热区+源代码的方式来进行装修。热区是指为图片中的某个区域创建链接，单击该区域可跳转到链接的页面，而热区的使用需要结合图片的源代码才能完成。使用热区+源代码装修店铺时，需要先获取需装修的图片在素材中心中生成的链接，然后通过在线工具添加热区并设置图片链接。其具体操作步骤如下。

微课：热区+源代码装修

STEP 01 将"家电类店招.jpg"图片（配套资源:\素材文件\第6章\家电类店招.jpg）上传到素材中心，将其放置在"店铺装修"文件夹中，将鼠标指针移动到该图片上，单击"复制链接"按钮复制该图片链接，如图6-36所示。

STEP 02 在浏览器中进入稿定设计的码工助手网页，在工具栏中单击图6-37所示的"电商通用热区工具"超链接，进入"PC热区编辑区"页面。

图6-36　复制图片链接

图6-37　单击超链接

STEP 03 此时，在页面的"画布设置"对话框中，"平台选择"栏中已默认选中"淘宝"选项，在"图片链接"栏中粘贴STEP 01复制的链接，如图6-38所示，单击**确认**按钮。

图6-38　粘贴图片链接

经验之谈

网店美工在"PC热区编辑区"页面进行画布设置时，若制作的店招、轮播海报等模块为全屏尺寸，需要在该对话框中单击"全屏"选项，开启全屏模式；而当模块之间需要去掉间隙时，可在"去掉间隙"数值栏中设置。

STEP 04 在打开的页面左侧单击"添加热区"按钮 ，此时在店招图像上将出现矩形框，如图6-39所示。

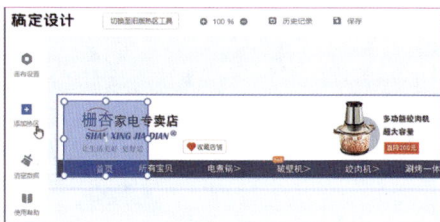

图6-39　添加热区

STEP 05 拖曳矩形框到"首页"文本处，并将鼠标指针移至矩形框右下角处，拖曳鼠标指针调整矩形框大小，如图6-40所示。

图6-40　调整矩形框大小

经验之谈

淘宝网中默认的导航条样式比较单一，为了体现店铺的特色，大多数店铺会选择为导航条设置热区，并添加跳转链接的方式进行使用。

STEP 06 在页面右侧的"链接"文本框中输入"首页"的链接网址，如图6-41所示。

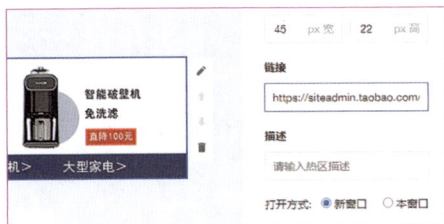

图6-41　设置跳转链接

STEP 07 拖曳鼠标指针为"所有宝贝"文本绘制矩形框，并设置链接网址。按照相同的方法为导航条剩余文本以及商品和"收藏店铺"绘制矩形框并设置链接网址，如图6-42所示。

图6-42　为其余文本添加热区和链接

STEP 08 单击页面右上角的 生成代码 按钮，在打开的对话框中单击 复制代码 按钮，如图6-43所示，自动复制对话框中的代码。

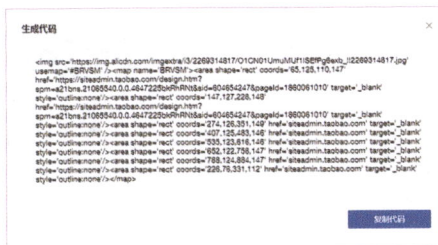

图6-43　复制代码

STEP 09 切换到店铺首页装修页面，在店招模块右侧单击 编辑 按钮，打开"店铺招牌"对话框，单击选中"自定义招牌"单选项，单击"源码"按钮 ，在下面的文本框中按【Ctrl+V】组合键粘贴刚才复制的代码，再在"高度"数值框中输入"150"，如图6-44所示，单击 保存 按钮，返回装修页面。

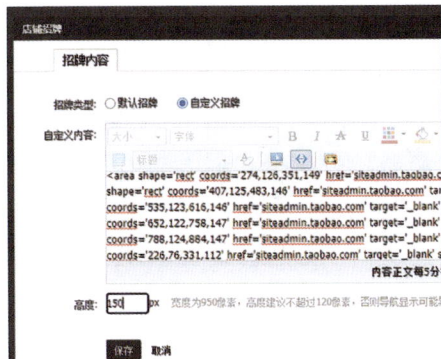

图6-44　自定义招牌并粘贴代码

STEP 10 此时，店招区域已自动添加热区的店招图像，单击 预览 按钮预览装修效果，如图6-45所示。

STEP 11 将鼠标指针移至设置的热区区域，单击鼠标左键即可跳转到链接的页面。

图6-45　店招装修效果

新手试练

　　请试着为手机轮播海报（配套资源 \ 素材文件 \ 第 6 章 \ 手机轮播海报 \ ）添加热区，并通过热区＋代码的方式将其装修在图片轮播海报模块中，实现通过单击"点击购买"按钮，跳转到对应商品购买页面的效果，如图 6-46 所示。

图6-46　为按钮添加热点

6.3 实战演练——装修4件套详情页

"TIANKUO 恬栝"店铺制作了4件套商品详情页，需要将其装修在商品详情页中。网店美工在装修时，应按照制作的顺序（焦点图、卖点说明图和信息展示图）排列，构成完整的的4件套详情页，装修后顶部和底部区域预览图如图6-47所示。

图6-47 4件套详情页装修部分效果

1. 设计思路

装修4件套详情页的设计思路如下。

（1）4件套的信息展示图整体高度较高，尺寸较大，需要将其切片并保存。

（2）将详情页所需图片上传到素材中心。

（3）选择并进入需要装修的页面，设置模块的内容。

微课：装修4件套
详情页

2. 知识要点

完成本例的制作需要掌握以下知识。

（1）使用"切片工具" 切片卖点说明图并保存为JPG格式。

（2）在千牛卖家工作台页面上传图片到素材中心的新建文件夹中，并为其重命名。

（3）在详情页装修页面添加"自定义区"模块。

（4）在图片空间中，调整选择图片的顺序。

3. 操作步骤

装修4件套详情页的具体操作步骤如下。

STEP 01 打开"4件套信息展示图.jpg"图片（配套资源:\素材文件\第6章\4件套\），拖曳顶部标尺创建水平参考线，并根据图片间隙创建参考线。

STEP 02 选择"切片工具" ，单击

基于参考线的切片 按钮，选择【文件】/【存储为Web所用格式】命令，在打开的对话框中单击 存储... 按钮，设置保存位置与保存名称，单击 保存(S) 按钮，在弹出的提示框中单击 确定 按钮，完成切

片的存储。

STEP 03 登录淘宝网账号，进入千牛卖家工作台页面的素材中心页面。单击"我的素材"选项，单击 新建文件夹 按钮，打开"新建文件夹"对话框，在"分组名称"文本框中输入"商品详情页"，单击 确定 按钮。

STEP 04 在STEP 03创建的文件夹上双击，进入其中，单击 上传 按钮，打开"上传图片"对话框，单击"上传"超链接，上传STEP 02得到的切片和"4件套焦点图.jpg、4件套卖点说明图.jpg"图片（配套资源:\素材文件\第6章\4件套\）。

STEP 05 为方便装修将所有图片的名称按照顺序重命名，效果如图6-48所示。

图6-48 重命名图片

STEP 06 在左侧页面中展开"店铺装修"选项卡，选择"PC店铺装修"选项，切换到淘宝店铺装修页面，单击"宝贝详情页"选项卡，如图6-49所示。

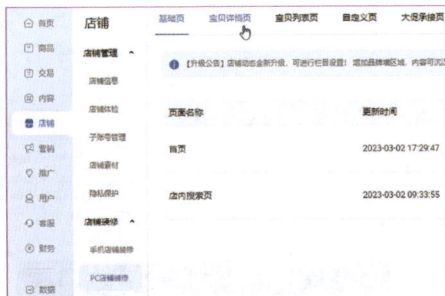

图6-49 切换到淘宝店铺装修页面

STEP 07 单击"默认商品详情页"名称

后的"装修页面"超链接，如图6-50所示，开始装修。

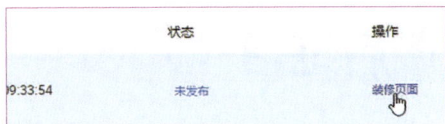

图6-50 切换到商品详情页装修页面

STEP 08 单击"模块"栏右侧的"750"选项卡，选择"自定义区"模块，将其拖曳到"宝贝描述信息"栏下方，完成"自定义区"模块的添加，如图6-51所示。

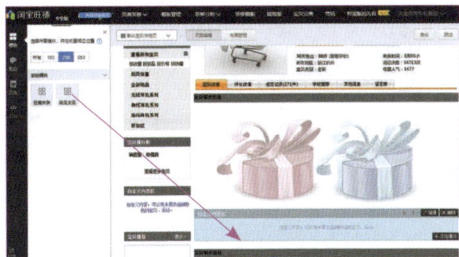

图6-51 添加"自定义区"模块

STEP 09 在新模块上单击 编辑 按钮，在打开的对话框中单击"插入图片空间图片"按钮 。在打开的对话框中按照图片名称的顺序依次选择"商品详情页"文件夹中所有的图片，使其按照正确顺序排列，单击 插入 按钮，如图6-52所示。

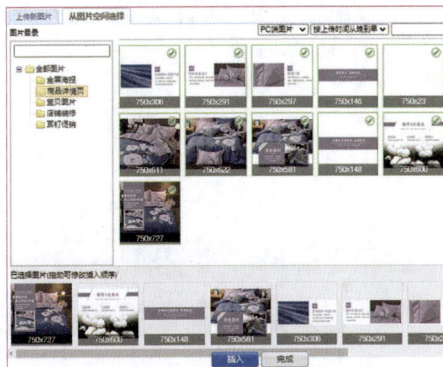

图6-52 选择图片和调整图片顺序

STEP 10 单击 完成 按钮返回"自定义

内容区"对话框，单击选中"不显示"单选项隐藏标题，完成后单击 确定 按钮。

STEP 11 返回店铺装修页面，单击 预览 按钮预览装修效果。

课后练习

（1）本练习将利用素材（配套资源:\素材文件\第6章\家居首页.jpg）装修某店铺页头以下的区域。在装修前，网店美工需要先将其切片，上传到素材中心，利用首页装修页面的"图片轮播"模块添加第一张图片并设置模块高度，新增"图片轮播""自定义内容区"模块，放置后2张图片，使其在视觉上呈现2张海报上下分布的布局方式，装修后的效果如图6-53所示。

（2）本练习将使用图6-54所示的素材（配套资源:\素材文件\第6章\耳机详情页.jpg）来装修耳机的部分详情页区域。在装修前，网店美工可先切片该图片，上传到素材中心后，利用详情页装修页面的"自定义内容区"模块进行装修。

图6-53 装修某家居店铺的效果

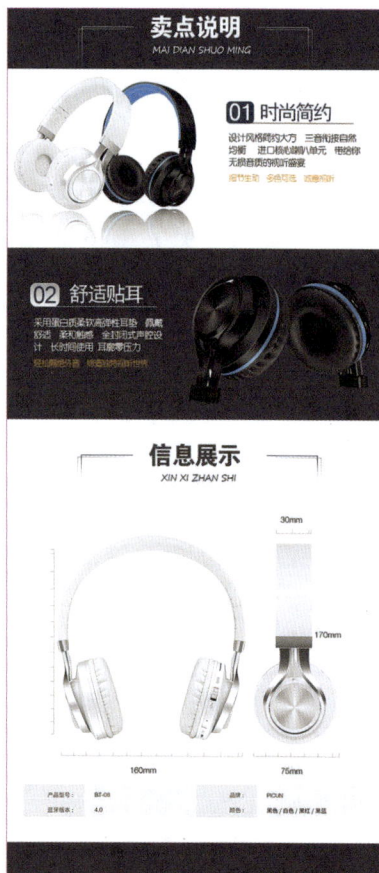

图6-54 耳机详情页

第7章　推广图和视频的设计与制作

推广图是指商家参加电商平台活动时，专门制作的商品宣传图。在淘宝网中，推广图主要包括首页中的引力魔方图、搜索页中的商品主图和直通车推广图。随着时代的发展，很多商家也会采用视频的形式来推广商品，让商品的优势和特点展示更加直观。

技能目标：

* 掌握制作商品主图的方法
* 掌握制作引力魔方图的方法
* 掌握制作直通车推广图的方法
* 掌握制作商品视频的方法

素养目标：

* 培养网店美工与时俱进的意识，使其不断跟随市场需求的变化，提升专业能力
* 培养网店美工举一反三并运用所学知识制作不同类型推广图的能力

7.1　主图设计与制作

消费者在淘宝等平台搜索商品时，在搜索结果页中能看到的商品信息只有名称、价格与主图，如果主图的视觉效果没能引起消费者的注意，则消费者一般不会选择查看该商品；而主图的视觉效果较为优秀，则能使该商品吸引到更多消费者的注意。因此，网店美工应该根据商品的特点制作出符合规范、美观度较高的主图，帮助商家提升该商品的销量。

↘ 7.1.1　主图规范

主图规范主要分为尺寸规范和数量规范，网店美工应该根据平台、店铺类目、商品特点来抉择。

- **尺寸规范**：淘宝网横版主图的尺寸是800像素×800像素；淘宝网竖版主图的尺寸为800像素×1200像素、750像素×1000像素，竖版尺寸要求并无横版尺寸要求严格，只需达到2:3或者3:4的比例；京东主图尺寸为800像素×800像素；拼多多的主图尺寸为740像素×352像素。为了减少重复性工作，网店美工在制作横版主图时一般采用800像素×800像素的通用尺寸，分辨率选择72像素/英寸，文件大小尽量控制在3MB以内。

- **数量规范**：在拼多多上，网店美工在装修网店商品主图时，最多可使用1个主图视频 + 10张主图图片。首张主图会在搜索结果页中显示，因此需要重点制作，而第2张~第5张主图内容为展示商品，第7张~第10张主图内容为展示消费者对商品的评价。淘宝网采用5张主图的模式，或1个主图视频 + 5张主图的模式，如图7-1所示。

图7-1　淘宝网商品主图

↘ 7.1.2　制作优质主图的技巧

主图设计对商品的点击率和转化率有着非常巨大的影响，要想制作出优质的主图，使其更能吸引消费者，网店美工就需要运用一些技巧。

- **卖点清晰有创意**：所谓"卖点"，是指商品具备的别出心裁或与众不同的特色、特点，既可以是商品的款式、材质，也可以是商品的价格优势等。卖点清晰是指消费者只需粗略观看，就能快速明白商品的优势。主图中的卖点不需要多，但要能够直击要害，以直接的方式打动消费者。图7-2所示的左侧主图采用盆栽与商品对比，突出该商品"小巧不占空间"的卖点，底部又展示优惠价格，突出价格卖点；右侧以"3年只换不修　免费试用30天"的卖点解除消费者的售后顾虑，激发消费者的购买欲望。

● **商品的大小适中**：主图中的商品过大则显得臃肿，过小则不利于展示细节，也不利于突出商品的主体地位。而大小合适的商品可增加消费者的视觉舒适感，进而提高点击率。图7-3所示的主图中耳机占据了画面一半以上位置，主体突出，同时能让消费者看清商品的外观。

图7-2　卖点清晰有创意

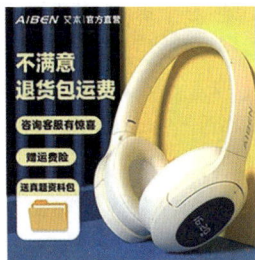

图7-3　商品的大小适中

● **宜简不宜繁**：由于消费者浏览主图时的速度较快，因此主图传达的信息越简单、明确，画面越简洁，就越容易被消费者接受。主图中的商品放置杂乱、商品数量多、文案信息多、背景太乱等都会阻碍信息的传达。图7-4所示的戒指主图直接将商品主体摆放在纯色背景上，并采用简洁的文字说明卖点，让整个画面显得素净、雅致，增加了商品格调。

● **丰富内容**：在主图画面较为单调时，网店美工可通过放大细节或者添加说明文本，如商品名称、特点与特色、包邮、特价等信息，丰富主图的内容。图7-5所示的左侧橡皮擦主图通过放大边角细节，并在边角处添加了装饰线来丰富画面；右侧耳机主图添加了商品包装盒和鲜花作为装饰，以及通过添加卖点文案丰富画面。

图7-4　宜简不宜繁

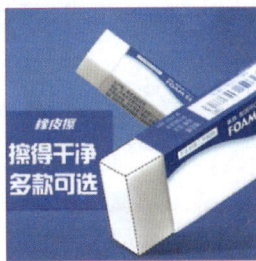

图7-5　丰富内容

↘ 7.1.3　制作数据线主图

由于数据线商品体积较小，不易展现细节，因此，网店美工可在画面中添加插头的细节图来展示该商品的卖点；在布局上可采用左图右文的方式平衡画面；在配色选择上可使用与商品颜色相近的色彩，采用特殊效果的图片充当背景，其具体操作步骤如下。

STEP 01 新建大小为"800像素×800像素"，分辨率为"72像素/英寸"，名称为"数据线主图"的文件。

微课：制作数据线主图

STEP 02 分别置入"数据线背景.jpg、数据线1.png"图片（配套资源:\素材文件\第7章\数据线背景.jpg、数据线1.png），调整大小和位置。

STEP 03 为了展现"快充"卖点，在数据线图层下方新建图层，选择"画笔工具" ，设置画笔样式为"柔边圆"，填充颜色为"白色"，不断调整画笔大小绘制斜线。

STEP 04 选择绘制斜线的图层，选择【滤镜】/【模糊】/【动感模糊】命令，在打开的对话框中设置角度为"28°"，距离为"162"，单击 确定 按钮，设置该图层的不透明度为"36%"，应用滤镜的前后对比如图7-6所示。

图7-6 应用滤镜的前后对比

STEP 05 选择"圆角矩形工具" ，设置填充渐变颜色为"#81511c~#4d3823"，取消描边，设置半径为"15像素"，在图像编辑区左上角绘制圆角矩形，如图7-7所示。

STEP 06 选择"矩形工具" ，取消填充，设置描边颜色为"#81511c"，描边宽度为"14点"，绘制一个和图像编辑区等大的矩形，如图7-8所示。

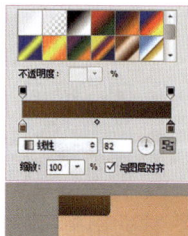

图7-7 绘制圆角矩形　　图7-8 绘制矩形

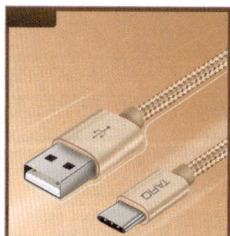

STEP 07 选择"横排文字工具" ，设置字体为"站酷小薇Logo体"，字体大小为"40点"，文本颜色为"白色"，输入"NY萘用"文本；更改字体为"思源黑体 CN"，字体样式为"Bold"，字体大小为"72点"，文本颜色为"#523a23"，输入"66W快充"文本；更改字体样式为"Medium"，字体大小为"36点"，输入"不伤手机满电不止快一点"文本。

STEP 08 更改字体为"思源宋体 CN"，字体大小为"28点"，输入"Type-C尼龙数据线"文本，打开"字符"面板，单击"仿斜体"按钮 和"仿粗体"按钮 ，结果如图7-9所示。

STEP 09 选择"圆角矩形工具" ，取消填充，设置描边颜色为"#8e4f2f"，描边宽度为"2点"，半径为"15像素"，围绕下排文字绘制圆角矩形，如图7-10所示。

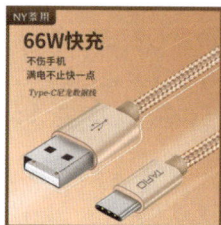

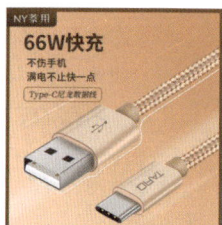

图7-9 输入文字　　图7-10 绘制圆角矩形

STEP 10 选择"椭圆工具" ，设置填充颜色为"#f1fff1"，取消描边，按住【Shift】键不放，拖曳鼠标指针，在图像编辑区右上角绘制正圆形状。

STEP 11 双击STEP 10绘制的形状图层右侧的空白处，在打开的对话框的左侧列表中单击选中"投影"复选框，设置颜色为"#81511c"，其他参数如图7-11所示，单击 确定 按钮。

STEP 12 置入"数据线2.png"图片（配套资源:\素材文件\第7章\数据线2.png），再将其所在图层移到STEP 10绘制的圆形所在的图层上方，接着调整数据线图像的大小和位置。

STEP 13 选择"数据线2"图层，单击鼠标右键，在弹出的快捷菜单中选择"创建剪贴蒙版"命令。

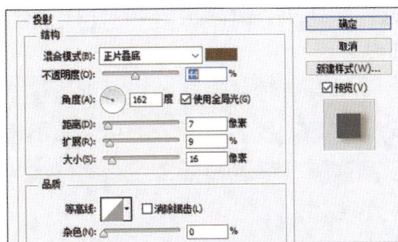

图7-11　设置投影参数

STEP 14 保存文件，完成数据线主图的制作，效果如图7-12所示（配套资源:\效果文件\第7章\数据线主图.psd）。

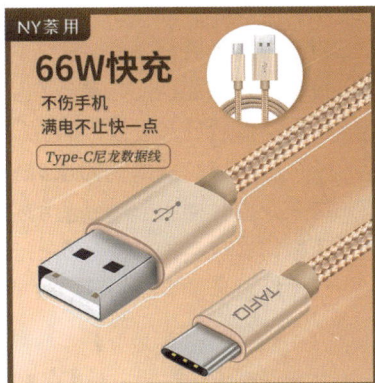

图7-12　主图效果

7.2　引力魔方图的设计与制作

引力魔方是淘宝网提供的一种适用于移动端的营销工具，是淘宝网图片类广告位竞价投放平台，能够为商家提供数量众多的优质展位，但需要商家自行投放，并且按照点击次数收取费用。引力魔方图就是在展位上展示的图片，用于吸引消费者注意力。

↘ 7.2.1　引力魔方图的规范与设计要点

引力魔方的位置众多，如移动端淘宝首页焦点图、猜你喜欢板块、红包互动权益（芭芭农场中），如图7-13所示。引力魔方的尺寸规格主要有800像素×800像素、800像素×1200像素、513像素×750像素等。网店美工在设计引力魔方图时，需要根据投放位置、尺寸等信息进行调整。

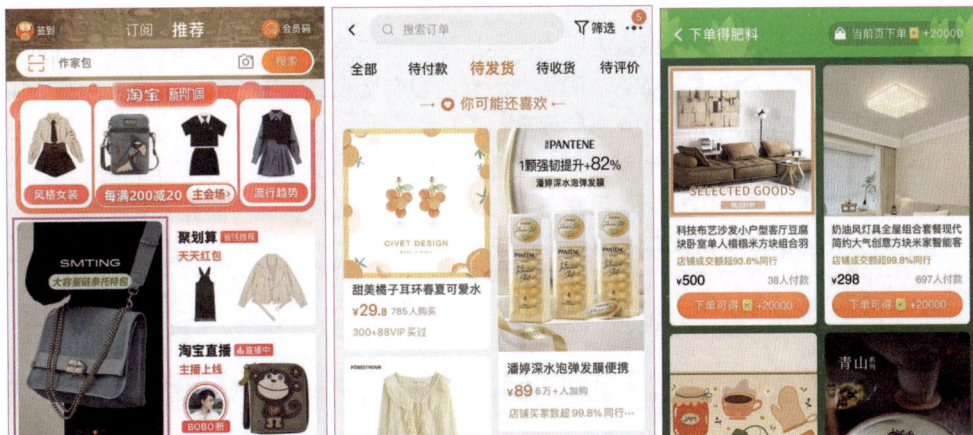

图7-13　引力魔方图投放位置

总的来说，虽然引力魔方图的投放位置、尺寸各不相同，但是设计要点却是共通的，网店美工在设计引力魔方图时，应注意以下两点。

- **明确的投放目的**：引力魔方图投放的目的很多，如展示上新商品、预热大型活动以及宣传品牌形象等，图7-14所示的两张引力魔方图便以较为亮眼的文字明确投放目的。因此，网店美工在引力魔方图的设计制作中，首先需要明确自己的投放目的，然后针对投放目的进行素材的选择和设计。
- **独特的设计**：美的东西虽然令人无法抗拒，但是具有独特设计的引力魔方图更能在一众图片中引起消费者的注意，进而提高点击率。图7-15所示的引力魔方图采用模特试穿实拍与商品实拍合并的方式展示高腰裤，并且拍摄角度也有所差别，巧妙地展示了商品的平拍效果和模特的上身效果。

图7-14　明确投放目的　　　　图7-15　独特的设计

↘ 7.2.2　引力魔方图设计注意事项

引力魔方图的内容多样，因此表现形式相较于主图更加多元化，也更加自由，但是仍要注意以下3点，以免发生设计出的成品图效果不佳的情况。

- **必须有商品图像**：虽然引力魔方图的内容多样，但是其中必须出现商品图像，不得出现无实物主体、纯文字描述。
- **画面不能有遮挡**：引力魔方图中不能出现严重堆叠、遮挡等影响画面内容正常浏览的情况。建议文字应简洁明了，图标、带有底纹的文字不要遮挡商品图像，图片各个元素之间距离恰当，互不干扰。
- **内容合适**：位于移动端淘宝首页的引力魔方图尺寸通常较大（800像素×1200像素），视觉冲击力较大，因此在内容的选择上不得有易引起消费者观看后生理或心理不适的内容，以免适得其反，降低商品在消费者心中的好感度。

↘ 7.2.3　制作周年庆引力魔方图

某彩妆店铺3周年店庆即将来临，为了推广周年庆活动，店铺准备在移动端淘宝首页焦点图位置投放引力魔方图。网店美工在构图上可采用三栏式构图（是指将画面分为三个部分，中间放置主体图像，上下放置其他元素的内容，或者中间放置文字，上下放置图片）达到醒目的效果，并着重强调此次活动的主题。其具体操作步骤如下。

微课：制作周年庆引力魔方图

STEP 01 新建大小为"800像素×1200像素"，分辨率为"72像素/英寸"，名称为"周年庆引力魔方图"的文件。置入"周年庆背景.jpg"图片（配套资源:\素材文件\第7章\周年庆背景.jpg），调整大小和位置，如图7-16所示。

STEP 02 单击"创建新的填充或调整图层"按钮 ◑.，在弹出的快捷菜单中选择"亮度\对比度"命令，设置亮度为"42"，对比度为"-30"，效果如图7-17所示。

图7-18　绘制信封形状　　图7-19　绘制信封

STEP 06 复制矩形图层，按【Ctrl+T】组合键后向内拖曳四角，缩小矩形，接着在工具属性栏中取消填充，设置描边颜色为"#69a6c9"，描边宽度为"4点"，在"形状描边类型"下拉列表框中选择第2个选项，效果如图7-20所示。

STEP 07 选择"横排文字工具" **T.**，设置字体为"站酷高端黑"，字体大小为"100点"，文本颜色为"#69a6c9"，输入"周年庆回馈"文本；修改字体为"黑体"，字体大小为"46点"，文本颜色为"#43555f"，输入"全场商品满80元减10元"文本，如图7-21所示。

图7-16　置入素材　　图7-17　调整背景颜色

STEP 03 选择"钢笔工具" ✎.，设置工具模式为"形状"，填充颜色为"#fbf9d7"，取消描边，单击创建锚点绘制信封形状，如图7-18所示。

STEP 04 新建图层，更改填充颜色为"#fdfdf0"，继续单击创建锚点绘制信封正面形状。复制该图层，并将其水平翻转，最后双击复制后的图层，更改填充颜色为"#fffee8"，信封绘制完毕，效果如图7-19所示。

STEP 05 选择"矩形工具" ▢.，设置填充颜色为"白色"，取消描边，在信封形状上方绘制矩形充当信纸。

图7-20　信纸效果　　图7-21　输入文字

STEP 08 选择"圆角矩形工具" ，设置填充渐变颜色为"#ee3c6c~#fac0d0"，角度为"90"，如图7-22所示，取消描边，设置半径为"30像素"，在文本下方绘制渐变圆角矩形。

STEP 09 选择"横排文字工具" ，设置字体为"黑体"，字体大小为"38点"，文本颜色为"白色"，在渐变矩形上方输入"活动多多 惊喜不断"文本，如图7-23所示。

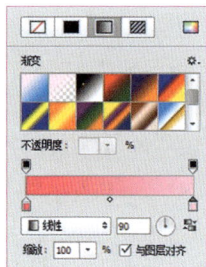

图7-22 设置渐变　图7-23 输入活动文本

STEP 10 打开"周年庆素材.psd"文件（配套资源:\素材文件\第7章\周年庆素材.psd），将文件内所有的素材依次拖曳到"周年庆引力魔方图"文件中，调整各素材的大小、位置、方向，然后调整素材图层顺序。

STEP 11 双击"粉底"图层名称右侧的空白处，打开"图层样式"对话框，单击选中"投影"复选框，设置颜色为"#db2f5e"，其他参数如图7-24所示。

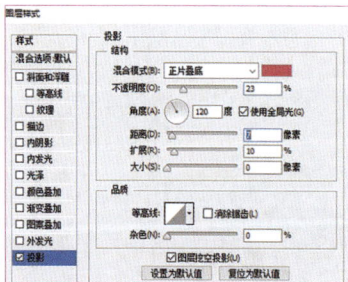

图7-24 设置投影参数

STEP 12 按住【Alt】键不放，分别拖曳"粉底"图层后侧的"指示图层效果"图标 fx 到"口红""矩形1""丝带"图层上，为其复制同款图层样式。

STEP 13 保存文件完成操作，如图7-25所示（配套资源:\效果文件\第7章\周年庆引力魔方图.psd）。

图7-25 周年庆引力魔方图效果

新手试练

请使用提供的素材（配套资源:\素材文件\第7章\女包.png）制作引力魔方图，推广新上市的女包，该图可采用上下构图方式，将女包放置在画面下方，文字置于中上方。为避免背景图像单调，可采用几何图形分割区域。女包引力魔方图效果参考如图7-26所示。

图7-26 女包引力魔方图效果

7.3　直通车推广图的设计与制作

直通车是淘宝网提供的推广方式之一，可以为商家实现商品的精准推广，将商品信息推送给潜在消费者，为商品和店铺带来巨大的流量，从而取得较为明显的推广效果。而直通车推广图就是在直通车展位上展示的图片，其设计类似于商品主图，尺寸为800像素×800像素，需要更加注重创意和视觉效果的体现。

↘ 7.3.1　直通车推广图展现方式

直通车推广图主要展示在以下两个位置。

● **关键词搜索结果页的展位**：消费者搜索商品的相应关键词时，在搜索结果页右侧以及底部的掌柜热卖区域中将出现直通车推广图。图7-27所示为"盐"关键词搜索结果页底部的"掌柜热卖"区域中的直通车推广图，单击"掌柜热卖"超链接可进入直通车聚集的页面。

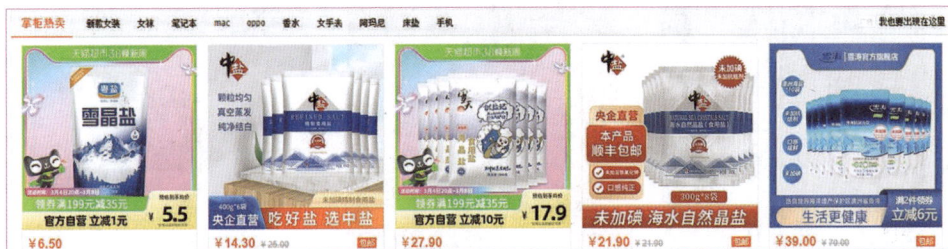

图7-27　"盐"关键词搜索结果页底部的直通车推广图

● **消费者必经之路上的众多高流量、高关注度的展位**：如阿里旺旺PC端的每日焦点、掌柜热卖、我的淘宝首页（根据浏览，猜我喜欢）、已买到宝贝页面底部（热卖单品）、收藏夹页面底部（猜你喜欢）。图7-28所示为已买到宝贝页面底部"热卖单品"中的直通车推广图。

图7-28　"热卖单品"中的直通车推广图

↘ 7.3.2　直通车推广图的设计要点

直通车推广图担负着为商品引流的重任，因此，直通车推广图既需要有优秀的视觉效果，也需要具有宣传商品的作用。一般情况下，网店美工在设计直通车推广图时应遵循以下3个要点。

- **主题卖点简洁精确**：主题卖点要紧扣消费者诉求，并且表述要简洁精确。为了便于消费者接受，其标题字数应尽量控制在6个字以内，如图7-29所示。
- **构图合理**：直通车推广图的构图方式很多，包括中心构图、三角构图、斜角构图、黄金比例构图等，但是总体上都要符合消费者从左至右、从上至下、先中间后两边的阅读习惯，图文搭配比例要恰当，颜色搭配需和谐。应用文本时，文本的排列方式、行距、字体颜色、样式等要整齐统一。对文本可通过改变字体大小或者颜色来清晰地呈现信息的层次，如图7-30所示。
- **具有吸引力**：网店美工应使用独特的拍摄手法、独具创意的文案，或者通过精美画面，使制作的直通车推广图从图海中脱颖而出，吸引消费者的注意力。需要注意的是，若商品款式的吸引力强，网店美工就需要全面展示款式，而不需要使用烦琐的文案或者大量留白的背景、单一的色彩，这样反而更能体现商品的独特美感，从而吸引消费者的注意力，如图7-31所示。

图7-29 主题卖点简洁精确	图7-30 构图合理	图7-31 具有吸引力

↘ 7.3.3 直通车推广图引流的关键

能否快速打动消费者，并使消费者产生点击查看该商品的行为，是检验直通车推广图设计成功与否的关键因素。网店美工可从以下5个关键点着手设计直通车推广图。

- **分析消费者心理需求**：消费者的心理包括求实心理、求美心理、实惠心理和从众心理。网店美工为确保商品的卖点紧扣消费者需求，在添加商品卖点文字时，需要分析消费者的心理，对符合消费者心理需求的卖点进行着重强调。图7-32所示的直通车推广图便紧扣消费者的实惠心理，在其中突出展示该商品的优惠价格，以刺激消费者产生购买行为。
- **分析图片的差异**：网店美工可根据直通车推广图的投放位置先分析临近展位的直通车推广图，充分研究其特点，包括素材选择、色彩、构图、文案等，找出它们的共性，然后走差异化路线进行设计。图7-33所示的左图以鲜明的背景颜色在同类直通车推广图中形成差异，使消费者首先注意到该直通车推广图。

图7-32　分析消费者心理需求

图7-33　分析图片的差异

- **使用增值服务**：在直通车推广图上可以放大增值服务的信息，如添加顺丰包邮、货到付款、终身质保、保修包换、上门安装、送赠品等文字，可以增加消费者的购买兴趣，让消费者觉得贴心。图7-34所示的两张保温杯直通车推广图都添加了"免费刻字"增值服务。
- **增强商品的说服力**：在直通车推广图上展示一个让消费者容易认可的卖点，可以增强商品的说服力。例如，在某矿泉水的直通车推广图中添加"来自大山里的矿泉水"文字。图7-35所示的雪菊商品直通车推广图通过文字和雪展示商品来自高原，并使用茶汤图像来展示茶汤色泽，增强说服力。
- **使用大众好评**：如果该商品已经积攒了大量的销量和好评，这无疑是其强有力的卖点。在设计直通车推广图时，可以将文字好评突出放大，利用可靠的论证数据和事实来展示商品的优势，从而提高该商品的点击率。

图7-34　使用增值服务

图7-35　增强商品的说服力

7.3.4　制作剃须刀直通车推广图

某店铺需要制作直通车推广图推广新上市的剃须刀商品，网店美工在制作时，可选用左右构图方式，利用纯色形状和带有质感的背景图形成反差，减少纯色背景带来的单调感，并使用商品图像减轻反差带来的割裂感。其具体操作步骤如下。

微课：制作剃须刀直通车推广图

设计素养

网店美工制作光滑材质的商品推广图时，可以在背景图像中添加带有质感的图片。所谓质感，可指材质、特殊的纹理。这些具有独特感的图片可以对视觉产生丰富的刺激，不仅可以让视觉效果变得更加丰富，还能起到衬托商品主体的作用。

STEP 01 新建大小为"800像素×800像素"，分辨率为"72像素/英寸"，名称为"剃须刀直通车推广图"的文件。设置前景色为"#e7e7e7"，按【Alt + Delete】组合键填充颜色。

STEP 02 置入"直通车质感图.jpg"图片（配套资源:\素材文件\第7章\直通车质感图.jpg），调整图片位置和大小。

STEP 03 选择"椭圆工具" ⬭，按住【Shift】键不放，拖曳鼠标指针绘制正圆，再复制质感图，将复制后的图层移至正圆图层上，创建剪贴蒙版，如图7-36所示。

图7-36　绘制正圆并创建剪贴蒙版

STEP 04 置入"剃须刀.png"图片（配套资源:\素材文件\第7章\剃须刀.png），调整位置和大小。为该图层添加"内发光"图层样式，设置颜色为"#d76f8a"，其他参数如图7-37所示，单击 确定 按钮。

STEP 05 复制"剃须刀"图层，单击鼠标右键，在弹出的快捷菜单中选择"清除图层样式"命令后放大该图像，并图层不透明度设置为"10%"，再将图层移

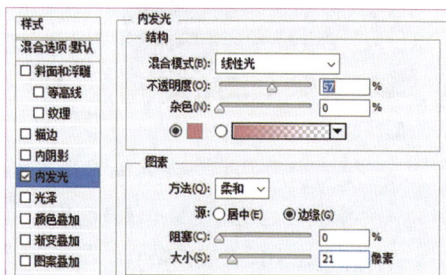

图7-37　设置内发光参数

至原图层下方作为投影，如图7-38所示。

STEP 06 选择"圆角矩形工具" ▢，设置填充颜色为"#cccccc"，取消描边，设置半径为"15像素"，在图像编辑区右下角绘制圆角矩形；更改填充颜色为"#ff0000"，绘制圆角矩形，接着复制两次该圆角矩形，调整位置，如图7-39所示。

图7-38　制作投影　图7-39　绘制并复制圆角矩形

STEP 07 选择"横排文字工具" T，设置字体为"思源黑体 CN"，字体大小为"36点"，文本颜色为"黑色"，打开"字符"面板，设置字体样式为"Bold"，在右下角的圆角矩形中输入图7-40所示的文本。

图7-40　输入文本（1）

STEP 08 更改字体为"站酷小薇Logo体"，字体大小为"72点"，输入"自带充电底座 快捷更干净"文本，结果如图7-41所示。

图7-41　输入文本（2）

STEP 09 更改字体为"思源黑体CN"，字体样式为"Bold"，字体大小为"27点"，依次在3个红色圆角矩形中输入"品质保障""安全稳定""闪电发货"卖点文字。

STEP 10 更改字体大小为"24点"，文本颜色为"白色"，输入"优惠价格"文本；更改字体大小为"108点"，输入"99元"文本，选中"元"文本，更改字体大小为"36点"。

STEP 11 选中"优惠价格"文本，单击工具属性栏上方的"创建字体变形"按钮 ，在打开的对话框中的"样式"下拉列表框中选择"膨胀"选项，设置参数如图7-42所示，单击 确定 按钮。

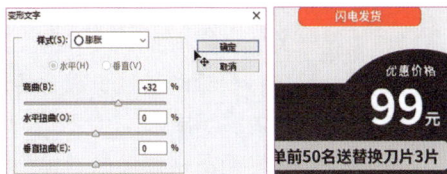

图7-42　变形文字

STEP 12 置入"光线.png"图片（配套资源:\素材文件\第7章\光线.png），并调整其大小和位置，设置图层混合模式为"颜色加深"，不透明度为"44%"。保存文件，完成本例的制作，最终效果如图7-43所示（配套资源:\效果文件\第7章\剃须刀直通车推广图.psd）。

图7-43　最终效果

7.4　商品视频的设计与制作

　　相较于传统静态图片，商品视频更加生动地展示商品，既可以吸引消费者的目光，又可以将商品的实际使用情况、外观等信息直观地传达给消费者。

↘ 7.4.1   商品视频的特点

与普通视频不同，商品视频的制作目的就是将商品信息有效地传递给消费者，因此，除了视频画面美观外，商品视频还具有以下 3 个特点。

- **主题鲜明**：对于展示商品的视频而言，优美的画面只是基础，其核心在于向消费者展示商品，因此商品视频的内容应该具备主题鲜明的特点，避免出现与商品、主题无关的视频画面。
- **时长精简**：视频时长过长很容易让消费者产生厌烦心理，因此视频的主题应尽量在前10秒内展示出来。
- **信息丰富**：商品视频使原本单一的视觉体现变为听觉和视觉合二为一的体现，因此，可以结合听觉和视觉传达信息，丰富信息含量，常用的方式有画面加卖点文字并配合语音讲解。

↘ 7.4.2   常见商品视频类别

常见的商品视频主要有主图视频和详情页视频两种类型，而不同类型的视频，其应用位置、主要内容、时长、尺寸均有所区别。

- **主图视频**：应用在商品主图位置，如图7-44所示，用于展现商品的1~2个核心卖点，再围绕展现的卖点展示该商品的细节部分。主图视频时长一般为9~60秒，画面比例为16：9、1：1、3：4，大小不小于540像素×540像素，建议在750像素×1000像素以上。注意，一个主图视频只能绑定一款商品。
- **详情页视频**：应用在商品详情页中，用于详细说明商品的功能、用途、优点、效果，诠释设计理念和安装、使用方法等。时长一般为5秒~2分钟，1分钟内为佳，画面比例常为16：9和4：3，大小为1280像素×720像素或720像素×576像素。需要注意的是，因为详情页视频展示内容比较广泛，因此对尺寸和比例的要求并不像主图视频那么严格。图7-45所示为空调详情页视频，其尺寸有所不同。

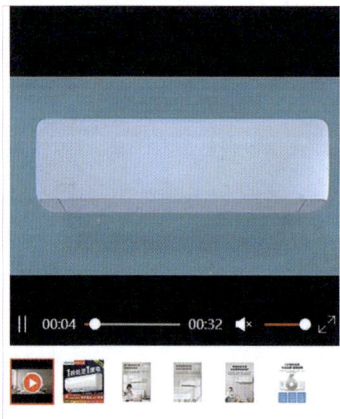

图7-44　主图视频

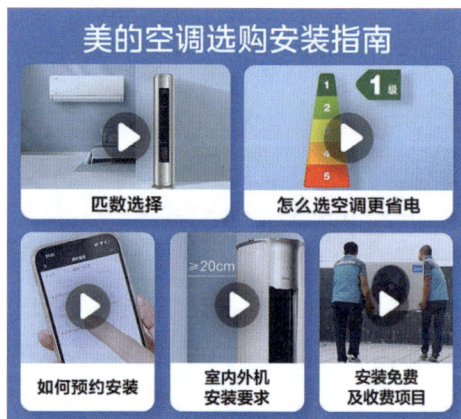

图7-45　详情页视频

↘ 7.4.3　商品视频拍摄的注意事项

商品视频拍摄以商品为主体。为了保证视频的质量和视觉效果，达到促进商品销售的目的，网店美工在拍摄商品视频时，应注意以下4个方面。

- 了解商品的特点：在拍摄商品视频前，网店美工需要先了解将要拍摄的商品的特点，如商品的外观特色、制作材质和使用方法等，如此拍摄时便可着重表现商品的特点，使其在同类商品中脱颖而出。图7-46所示的麦饭石深煎锅的主图视频，在短短的11秒内便突出展示商品"不挑炉灶、不粘易清洗、导热迅速"的3个特点，并且通过近距离拍摄，又展现了"加深锅型"的卖点，这充分说明网店美工在拍摄前已充分了解该商品的特点，因此视频中的每一个镜头都在展示其特点。

图7-46　麦饭石深煎锅的主图视频

- 准备设备、模特：拍摄视频时除了需要摄影机，还需要打光灯、录音设备等辅助器材。服饰、美妆等商品的视频还会通过模特展示商品的使用过程和使用效果。需要注意的是，模特是为商品服务的，商品才是拍摄的重点，不能主次颠倒。
- 布置拍摄场景：拍摄场景的布置也是决定拍摄效果的重要因素。拍摄场景分为室内场景和室外场景。在室内拍摄需要考虑灯光、背景和布局等；而在室外拍摄则需要选择一个合适的环境，避免在人物繁杂的环境中拍摄。需要注意的是，无论拍摄场景在室内还是室外，网店美工在拍摄商品时都需要多方位展示商品，并拍摄多组视频，以便后期挑选与剪辑。
- 拍摄的内容：拍摄的内容既要展示商品的全貌，也要展示商品的各个角度和细节，但是不同类目的商品，其拍摄内容也略有区别。例如，拍摄食品类商品，可以拍摄其制作过程和烹饪、食用方法；而对于彩妆类商品，可拍摄使用效果和方法。

↘ 7.4.4　制作柿子主图视频

拍摄完视频后，网店美工便可优化拍摄的视频，将其制作成符合需求的商品视频。某水果店铺需要制作水晶小柿子的主图视频，用于向消费者展示商品颗颗饱满、皮薄肉厚的卖点。网店美工可利用"剪映专业版"制作。其具体操作步骤如下。

微课：制作柿子主图视频

STEP 01 启动剪映专业版，在打开的界面中单击 ✚ 开始创作 按钮进入工作界面。

STEP 02 单击工作界面中"草稿参数"面板右下角的 修改 按钮，打开"草稿设置"对话框，设置草稿名称为"柿子主图视频"，在"分辨率"下拉列表框中选择"自定义"选项，设置长和宽均为"800"，在"草稿帧率"下拉列表框中选择"24.00帧/秒"选项。单击自由层级右侧的按钮 ⚫️，使其呈开启状态 🔵，如图7-47所示，单击 保存 按钮。

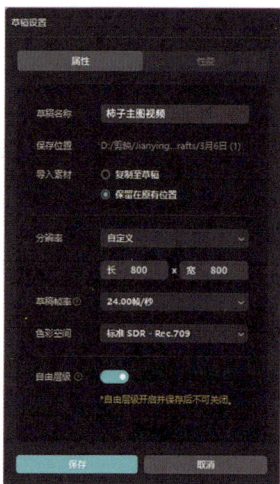

图7-47 设置草稿参数

STEP 03 单击工作界面左上角的 ➕ 导入 按钮，打开"请选择媒体资源"对话框，选择"柿子.mp4"素材（配套资源:\素材文件\第7章\），如图7-48所示，单击 打开(O) 按钮。

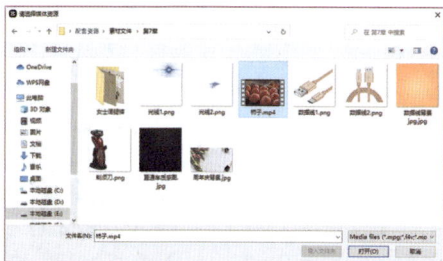

图7-48 导入视频

STEP 04 将导入的视频拖曳到"时间轴"面板中，此时，在播放器面板中出现调整框，拖曳调整框的边缘调整视频大小使其填满画面，如图7-49所示。

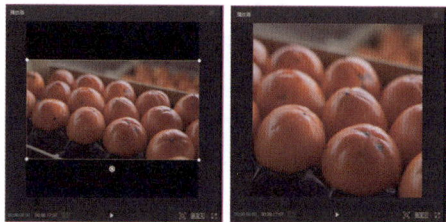

图7-49 调整视频画面大小

STEP 05 在"时间轴"面板上选择视频，再将时间指示器移至00:00:10:00处，单击左上角的"分割"按钮 ⚊，此时将自动选中分割后的后半段视频，按【Delete】键删除选中的视频，如图7-50所示。

图7-50 删除选中的视频

STEP 06 观察画面，可发现视频画面偏暗，选择视频，此时工作界面右上角的面板发生变化，单击面板中的"调节"选项卡，在其下的"基础"选项卡中的"明度"栏中设置参数，如图7-51所示。画面亮度变化对比如图7-52所示。

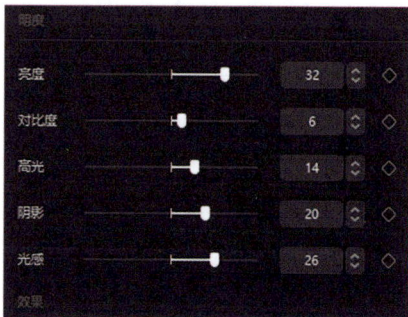

图7-51 调整画面亮度

图7-52 画面亮度变化对比

STEP 07 为了突出该视频是真实拍摄的，可为其添加"录制边框特效"。将时间指示器移至视频开头处，单击工作界面左上角的"特效"选项卡，在左侧列表中选择"边框"选项，在中间选择"录制边框Ⅲ"特效，单击该特效右下角的"添加到轨道"按钮，该特效将被添加到时间指示器右侧的新轨道中，拖曳特效右侧边缘使其与视频右侧边缘对齐，如图7-53所示。

图7-53 添加和调整特效

STEP 08 将时间指示器移至00:00:01:02处，单击工作界面左上角的"文本"选项卡，在左侧列表中展开"文字模板"选项，选择"字幕"选项，选择图7-54所示的模板，按照与STEP 07相同的方式将其添加在"时间轴"面板中。

STEP 09 在工作界面右侧的"文本"选项卡中修改第1段文本为"「水晶小柿子 皮薄肉厚」"，并调整缩放为"135%"，效果如图7-55所示。

图7-54 选择文字模板　图7-55 调整文字模板

STEP 10 将时间指示器移至00:00:06:04处，在"时间轴"面板中选择文字模板，按【Ctrl+C】组合键和【Ctrl+V】组合键，复制并粘贴文字模板，接着在右侧的"文本"选项卡中修改文本为"「颗颗饱满汁水丰盈」"，如图7-56所示。

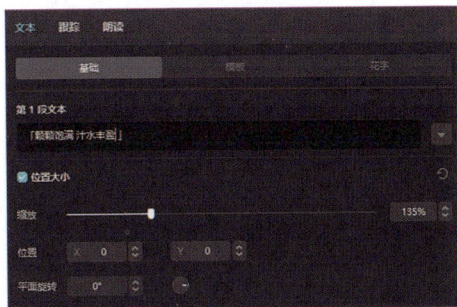

图7-56 修改文本

STEP 11 将时间指示器移至视频开头处，单击"音频"选项卡，在左侧列表中展开"音乐素材"选项，选择"轻快"选项，选择"飞雪"音频，按照STEP 07的方法将其添加在"时间轴"面板中。

STEP 12 将时间指示器移至视频结束处，在"时间轴"面板中选择音频，按照与STEP 05相同的方法分割音频并删除后半段音频。

STEP 13 此时音乐开始和结束的都有些突兀，在时间轴上选择音频，在工作界面右侧的"音频"选项卡的"基本"栏中设置淡入时长为"0.5s"，淡出时长为"1.5s"，如图7-57所示。

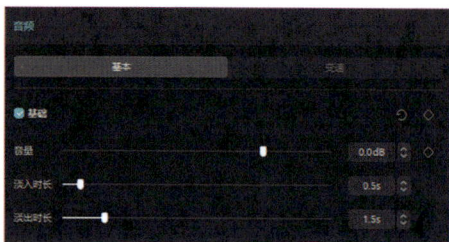

图7-57　调整音频

STEP 14 在工作界面右上角单击 导出 按钮，打开"导出"对话框，单击"导出至"选项后的 按钮，打开"请选择导出路径"对话框，设置保存路径后，单击 选择文件夹 按钮，返回"导出"对话框，在"帧率"下拉列表框中选择"24fps"选项，如图7-58所示，单击 导出 按钮。

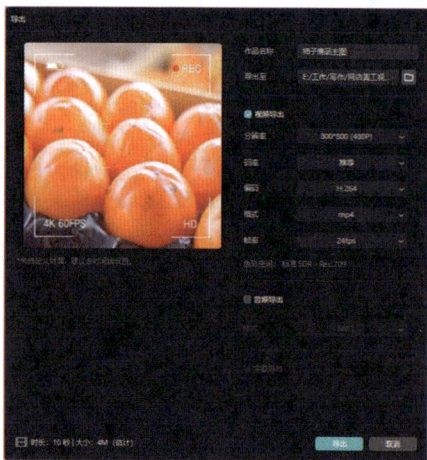

图7-58　设置导出参数

STEP 15 等进度条完成后，单击 关闭 按钮完成导出，效果截图如图7-59所示

（配套资源:\效果文件\第7章\柿子主图视频.mp4）。

图7-59　最终效果

7.5 实战演练

↘ 7.5.1 制作扫地机器人直通车推广图

志恪ZK官方旗舰店准备参加春季促销活动，为提升扫地机器人的销量，准备制作直通

车推广图。网店美工在制作该直通车推广图时，可采用符合扫地机器人使用场景的图像充当背景，配色以蓝白为主，除店铺名称以外的文本字体均采用黑体，并通过斜切强调卖点文字，最终效果如图7-60所示。

图7-60　最终效果

1. 设计思路

制作本例直通车推广图的设计思路如下。

（1）打开文件，置入背景图像，模糊部分图像增减空间感。

（2）置入商品图像并绘制阴影，减少商品摆放在背景图像上的突兀感。

（3）使用文字，输入店铺名称、优惠价格和商品卖点文字；绘制形状，制作卖点文字的底纹。

（4）调整卖点文字和底纹的样式，强调卖点文字。

2. 知识要点

完成本例的制作需要掌握以下知识。

（1）使用"剪贴蒙版"功能制作背景；使用"模糊工具" ○ 优化背景图像；使用"画笔工具" ✐ 绘制阴影。

（2）使用"横排文字工具" T. 输入文本；使用"矩形工具" ▣ 绘制卖点文字的装饰形状。

（3）使用"斜切"命令调整卖点文字和底纹。

微课：制作扫地机器人直通车推广图

3. 操作步骤

下面根据扫地机器人使用环境来设计直通车推广图。其具体操作步骤如下。

STEP 01 打开名称为"直通车边框.psd"的文件（配套资源:\素材文件\第7章\直通车边框.psd），置入"扫地机器人工作背景.jpg"图片（配套资源:\素材文件\第7章\扫地机器人工作背景.jpg），调整其位置和大小。

STEP 02 展开"背景"文件夹，将商品所在的图层移至白色圆角矩形图层上方，为其创建剪贴蒙版。

STEP 03 选择"模糊工具" ○，设置画笔样式为"柔边圆"，画笔大小为"95像素"，强度为"50%"，涂抹地毯外的图像，增加空间感，模糊前后对比效果如图7-61所示。

图7-61　模糊背景图像

STEP 04 置入"扫地机器人.png"图片（配套资源:\素材文件\第7章\扫地机器人.png），调整图片的大小和位置，接着在该图层下方新建图层，选择"画笔工具" ✐，设置画笔样式为"柔边圆"，画笔大小为"66像素"，不透明度为"73%"，围绕机器人和地毯的接触区域绘制阴影，并设置该图层的不透明度为"49%"，图层混合模式为"正片叠底"；复制该阴影图层，将其缩小，修改图层不透明度为"65%"，使阴影过渡更加贴合现实，如图7-62所示。

图7-62 绘制阴影

STEP 05 选择"横排文字工具" T ，设置字体为"优设标题黑"，字体大小为"30点"，文本颜色为"白色"，输入"志恪ZK官方旗舰店"文本；更改字体大小为"14点"，输入图7-63所示的文本，完成Logo区域的制作。

图7-63 输入店铺名称

STEP 06 选择"横排文字工具" T ，设置字体为"黑体"，字体大小为"68点"，文本颜色为"#0c5180"，输入"春日特惠"文本；更改字体为"幼圆"，字体大小为"30点"，文本颜色为"#0b529e"，输入"满减活动"文本；更改字体颜色为"白色"，在右侧输入"下单立减"文本。

STEP 07 选择"矩形工具" ▢ ，取消填充，设置描边颜色为"#0b529e"，描边宽度为"2点"，围绕下排文本绘制矩形；设置填充颜色为描边同色，取消描边，在下排右侧文本处绘制形状，并将该图层移动到文本图层下方，如图7-64所示。

所示。

图7-64 效果展示

STEP 08 选择"横排文字工具" T ，设置字体为"黑体"，字体大小为"36点"，文本颜色为"白色"，输入"扫拖一体机"文本；选择"圆角矩形工具" ▢ ，设置填充颜色为"#0b529e"，取消描边，在文字下方绘制形状，选择这两个图层，单击"链接图层"按钮 ⊖ ，链接图层。

STEP 09 选择链接图层，按【Ctrl+T】组合键进入自由变换状态，单击鼠标右键，在弹出的快捷菜单中选择"斜切"命令，拖曳左下角的控制点斜切文本，如图7-65所示。

图7-65 斜切文本

STEP 10 选中链接的图层并复制两次，修改文本图层的内容，调整全部链接图层位置，如图7-66所示。

图7-66 修改文本内容

STEP 11 选择"横排文字工具" T ，

设置字体为"思源黑体 CN"，文本颜色为"白色"，依次调整字体大小并输入图7-67所示的文本；选择"顺丰包邮 闪电发货"文本，在"字符"面板中单击"仿粗体"按钮 T 加粗文本。选择"享2年质保"文本，修改文本颜色为"#0b4e7d"。

底纹。

STEP 13 另存文件，设置文件名称为"扫地机器人直通车图"，完成制作，效果如图7-68所示（配套资源:\效果文件\第7章\扫地机器人直通车图.psd）。

图7-67　输入底部文字

STEP 12 选择"圆角矩形工具"□，设置填充颜色为"白色"，取消描边，在"享2年质保"文本处绘制圆角矩形作为

图7-68　最终效果

7.5.2　制作休闲鞋引力魔方图

某店铺准备投放休闲鞋引力魔方图，为提升视觉效果，要求展现该鞋青春、动感的特色。网店美工在制作该引力魔方图时，可采用经典的上下布局样式，先置入背景素材，然后输入文本和置入商品图像，使用蒙版和图层样式美化画面，最终效果如图7-69所示。

1. 设计思路

制作本例引力魔方图的设计思路如下。

（1）新建文件，并置入背景图像。

（2）置入商品图像和装饰图像，制作穿插效果。

（3）输入文字，然后制作文字描边效果。

（4）调整文本的方向，营造动感。

2. 知识要点

完成本例的制作需要掌握以下知识。

（1）使用蒙版功能制作穿插效果。

（2）使用"横排文字工具" T 输入文本；使用"矩形工具" □ 绘制装饰形状。

（3）使用"自由编辑"命令调整文字和装饰的方向。

图7-69　最终效果

微课：制作休闲鞋引力魔方图

3. 操作步骤

下面根据休闲鞋的特色设计引力魔方图，其具体操作步骤如下。

STEP 01 新建大小为"800像素×1200像素"，分辨率为"72像素/英寸"，名称为"休闲鞋引力魔方图"的文件，依次置入"背景.jpg、休闲鞋.png、装饰圈.png"图片（配套资源:\素材文件\第7章\休闲鞋\），调整图片的位置和大小。

STEP 02 选择"休闲鞋"图层，为其建立"亮度/对比度"调整图层的剪贴蒙版，设置亮度为"25"。

STEP 03 复制"装饰圆"图层，并将复制后的图层移至"休闲鞋"剪贴图层上方，单击"添加图层蒙版"按钮▣，选择蒙版，设置前景色为"黑色"，选择"画笔工具" ✐，设置画笔样式为"硬边圆"，调整画笔大小，使用画笔涂抹前鞋子、后鞋子与装饰圆接触的区域，制作后侧鞋子被线穿插效果，如图7-70所示。

图7-70 制作穿插效果

STEP 04 选择"横排文字工具" T，在"字符"面板中设置字体为"思源黑体CN"，字体样式为"Regular"，字体大小为"48点"，字距为"50"，文本颜色为"#5876f7"，输入"CASUAL SHOES旗舰店"文本。

STEP 05 双击文字图层右侧的空白处，在打开的"图层样式"对话框左侧单击选

中"描边"复选框，设置大小为"1"，颜色为"#5876f7"，单击 确定 按钮。

STEP 06 选择文字图层，在"图层"面板中设置填充为"0%"。按【Ctrl+T】组合键进入自由变换状态，调整文字的方向使其倾斜，如图7-71所示。

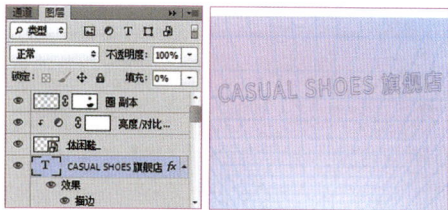

图7-71 制作倾斜镂空文字

STEP 07 选择"横排文字工具" T，在"字符"面板中设置字体为"思源黑体 CN"，字体样式为"Bold"，字体大小为"60点"，字距为"0"，文本颜色为"白色"，输入"新款透气小白鞋"文本。为其添加"描边、投影"图层样式，设置描边大小为"2"，颜色为"#5876f7"，投影颜色与描边颜色一致，其他参数如图7-72所示，单击 确定 按钮。

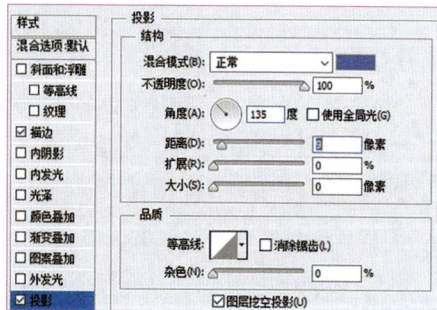

图7-72 设置投影参数

STEP 08 按照与STEP 06相同的方式将STEP 07输入的文字倾斜，使其在视觉上

与上排文字呈平行关系。

STEP 09 选择"横排文字工具"**T.**，在"字符"面板中设置字体为"黑体CN"，字体大小为"14点"，文本颜色为"#5876f7"，输入"领券满200元减30元"文本。

STEP 10 选择"矩形工具"**▭**，设置填充颜色为"白色"，描边颜色为"#5876f7"，描边宽度为"1像素"，在STEP 07输入的文字图层下方绘制矩形，复制绘制的矩形，更改填充颜色为"#5876f7"，取消描边，调整位置。

STEP 11 将STEP 09和STEP 10涉及的图层整理为"组1"图层组，选择该图层组，按照STEP 06的方式调整图层组内图像的方向，效果如图7-73所示。

图7-73　调整图层组内图像的方向

STEP 12 复制"组1"图层组，选择复制后的图层组，按【Ctrl+T】组合键进入自由变换状态，单击鼠标右键，在弹出的快捷菜单中选择"垂直翻转"命令，调整方向和位置，使其顶部与原图像底部对齐，如图7-74所示，按【Enter】键完成变换。

图7-74　调整图层组内图像的方向

STEP 13 选择"组1 副本"图层组，将其移动到"组1"图层组下方，接着单击"添加图层蒙版"按钮**▣**，选择蒙版，设置前景色为"黑色"，选择"画笔工具"**✦**，设置画笔样式为"柔边圆"，大小为"360"，不透明度为"71%"，使用画笔涂抹图层组的底部，制作倒影效果，如图7-75所示。

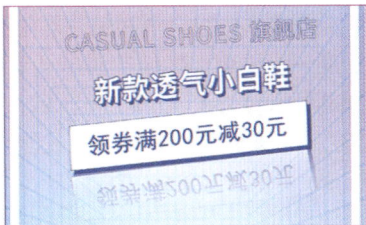

图7-75　调整图层组内图像的方向

STEP 14 置入"装饰.png"图片（配套资源:\素材文件\第7章\休闲鞋\），调整图片的位置和大小，保存文件，完成本例的操作，最终效果如图7-76所示（配套资源:\效果文件\第7章\休闲鞋引力魔方图.psd）。

图7-76　最终效果

课后练习

（1）本练习将利用"橄榄油.psd"文件（配套资源:\素材文件\第7章\橄榄油.psd）制作在聚划算页面投放的橄榄油商品主图。网店美工在制作时可先添加各种素材，然后调整商品图像的色彩并制作倒影，接着在图片中输入商品卖点、价格等重要信息，最后完善主图的细节，参考效果如图7-77所示（配套资源:\效果文件\第7章\橄榄油主图.psd）。

（2）本练习将利用"护肤品套装"文件夹中的文件（配套资源:\素材文件\第7章\护肤品套装\）制作引力魔方图。网店美工在制作时可先添加背景和商品图片，然后输入文本信息和绘制文本底纹，最后使用画笔工具和蒙版制作商品和价格文字的倒影，使其位置基本位于同一水平面，增强空间感。参考效果如图7-78所示（配套资源:\效果文件\第7章\护肤品套装引力魔方图.psd）。

图7-77　橄榄油主图　　　　　　图7-78　护肤品套装引力魔方图

第8章　移动端店铺的视觉设计与装修

　　随着互联网的迅猛发展，更便携的移动设备成为人们生活中不可或缺的工具，相应的移动端购物平台如淘宝App、天猫App、京东App也逐渐成为主流购物平台，其流量已远超PC端。因此，与移动端店铺相关的设计与装修工作也成为网店美工必不可少的工作内容。

技能目标：

* 掌握设计移动端店铺首页的方法
* 掌握设计移动端商品详情页的方法
* 掌握装修移动端店铺的方法

素养目标：

* 培养网店美工移动端店铺的设计能力
* 培养网店美工独立规划布局移动端页面的能力

8.1 移动端店铺首页设计基础

移动端店铺首页相较于PC端店铺首页有较多的区别，首页模块也有所不同，因此网店美工在设计移动端店铺首页时，应熟悉页面的尺寸、模块，以及必要的注意事项，从而避免出现设计的页面不能够正常使用的情况。

↘ 8.1.1 移动端店铺首页与PC端店铺首页的区别

移动端店铺首页与PC端店铺首页的区别主要体现在尺寸、布局、内容、分类4个方面，接下来分别介绍其在尺寸、布局、内容、分类4个方面的对比情况。

- **尺寸对比**：移动端店铺首页一般要求页面宽度为750像素，而PC端店铺首页的宽度为950像素。因此，若直接将PC端店铺首页的图片放到移动端店铺首页中展示，易导致因尺寸不适合而造成图片显示不全、界面混乱等问题。

- **布局对比**：移动端店铺首页更注重浏览体验，不但省略了边角的活动模块以及详细的广告文案，而且将PC端店铺首页的三栏图片展示精简为两栏，并将海报中的文案、价格等信息通过加大文字、加深色彩等方式突出显示，使其更适合移动端店铺首页的布局需求。

- **内容对比**：移动端店铺首页追求更加精简的内容展示，不会使用过多的文字，常使用加粗文字的方式增加可读性；而PC端店铺首页，则会使用较多文字内容来说明商品的卖点、优惠活动等信息。

- **分类对比**：移动端店铺首页的分类模块比较简洁、清晰，常使用分类图标，图8-1所示的"华为官方旗舰店"移动端店铺首页在底部使用图标划分模块；而PC端店铺首页的分类信息则更详细。

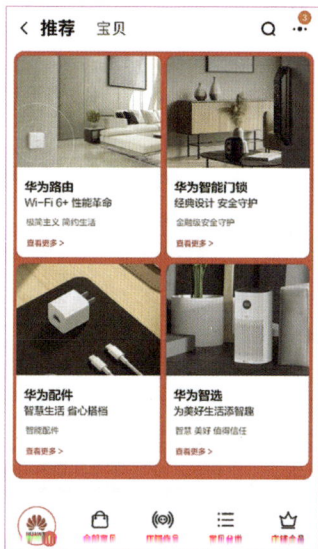

图8-1 "华为官方旗舰店"移动端店铺首页

↘ 8.1.2 移动端店铺首页模块的组成

和PC端店铺首页一样，各电商平台也为移动端店铺首页装修提供了模块，图8-2所示就是淘宝App店铺首页页面装修的模块，可分为图文类、视频类、营销互动类、LiveCard和宝贝类5大类型，其中，每个类型下面还包含着多个小模块，可以让网店美工自由增补，效果如图8-3所示。

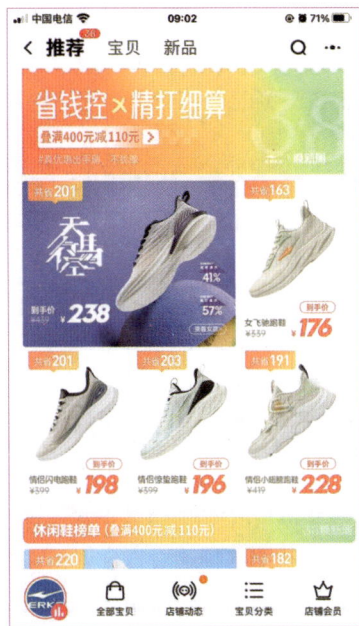

图8-2　移动端店铺首页页面装修的模块　图8-3　移动端店铺首页装修模块与实例

- **图文类模块**：包含轮播海报、单图海报、猜你喜欢、店铺热搜、文字标题、多热区切图、淘宝群聊入口模块、人群海报、免息专属飘带、CRM人群福利—店铺模块和官方消费者防诈共11个小模块，属于首页界面常用的模块。
- **视频类模块**：只包含单视频模块，上传的视频比例要求为16:9、3:4、9:16，清晰度在720P以上，时长为10秒~10分钟。
- **营销互动类模块**：包含店铺优惠券、裂变优惠券、购物金、芭芭农场、店铺会员和人群优惠券共6个小模块，具有互动性强的特点。
- **LiveCard模块**：包含测试选品、天猫U先—店铺派样和天猫U先—免费试用共3个小模块，适合经营让消费者可试用的商品类目店铺，目的是提升店铺的收藏率、点击率和转化率，并且通过试用可以调研商品好用与否，提升口碑。
- **宝贝类模块**：包括排行榜、智能宝贝推荐、系列主题宝贝、鹿班智能货架、免息商品智能货架和大促预售商品货架（天猫预售专用），用于在店铺首页展示商品。网店美工在设计该模块时，应重点突出主推宝贝、热销宝贝，如通过色相对比或添加相应元素吸引消费者的注意力。

↘ 8.1.3　移动端店铺首页设计的注意事项

移动端店铺装修通常会受到移动端设备屏幕大小的限制，由于店铺首页能承载的信息有限，所以网店美工在设计移动端店铺首页时，还需注意以下4个方面。

- **注重感官的习惯性与舒适性**：布局和设计要从消费者的购物习惯出发，并且图片的清晰度和尺寸都要适应移动端设备，可以大图为主；图片分类要清晰明确，搭配舒适的颜色；商品的细节展示要清晰、美观，给消费者舒适的视觉观感。

● **合理控制页面的长度：**由于消费者常常使用的移动设备——手机体形狭长，并且消费者在浏览时会按照自上而下的顺序浏览，此时页面内的信息不必太多，一般以6屏为最佳。

● **把握页面整体内容：**店铺的主营宝贝与定位理念要突出，要充分考虑其互动性、趣味性、专业性与基调定位；页面内容要能够精准定位客户，并快速吸引消费者的注意力。

● **与PC端的视觉统一：**移动端的装修设计应与PC端的装修设计相互呼应，具有相通的视觉符号，以提高店铺品牌的关联度。

8.2　移动端店铺首页设计

移动端店铺首页与PC端店铺首页在设计上并无太大大区别，如轮播海报、优惠券、商品分类区等模块在移动端店铺首页也会用到，而比较明显的区别在于移动端店铺首页无店招模块。这是因为在移动端中，商品分类模块将代替导航条的作用，同时，移动端店铺首页还新增了单图海报模块，使整个页面更符合移动设备"窄长"的浏览模式。

本节将设计生鲜店铺"沁心生鲜"的移动端店铺首页，要求包含轮播海报、单图海报、优惠券、商品分类和商品展示图。

↘ 8.2.1　轮播海报设计

移动端的轮播海报用于展示多商品、多主题，要求宽度为1200像素，高度为600像素~2000像素，文件大小不超过2MB，数量在1~4张，格式为JPG或PNG。网店美工在制作"沁心生鲜"移动端店铺的轮播海报时，可选用与店铺定位符合的商品图片为主体形象，然后丰富文本的装饰，增强其存在感，最后添加装饰图像丰富整个画面的视觉效果，其具体操作步骤如下。

微课：轮播海报设计

STEP 01 新建大小为"1200像素×600像素"，分辨率为"72像素/英寸"，名称为"生鲜轮播海报"的文件。设置前景色为"#feefe0"，按【Alt + Delete】组合键填充背景颜色。

STEP 02 置入"生鲜.png"图片（配套资源:\素材文件\第8章\生鲜.png），调整其位置和大小。

STEP 03 在"生鲜"图层下方新建图层，设置前景色为"#d9ccbf"，选择"画笔工具"，设置画笔样式为"柔边圆"，画笔大小为"137像素"，不透

明度为"71%"，围绕生鲜底部区域绘制阴影，效果如图8-4所示。

图8-4　绘制阴影

STEP 04 选择"椭圆工具"，设置填充颜色为"#3b1115"，取消描边，按住【Shift】键不放，在画面左上侧绘制

正圆，再复制5个绘制的正圆并调整其位置；选择6个圆所在的图层，选择【图层】\【对齐】\【顶边】命令，再选择【图层】\【分布】\【水平居中】命令。使其顶部对齐并距离均等地分布。

STEP 05 选择"横排文字工具" T，设置字体为"思源黑体 CN"，字体大小为"32点"，文本颜色为"白色"，输入"全场五折优惠"文本，打开"字符"面板，调整该文字的间距为"50"；更改字体为"隶书"，字体大小为"132点"，文本颜色为"#3b1115"，在文本下方输入"优质"两字；更改字体大小为"110点"在"优质"文本右侧输入"生鲜"两字，如图8-5所示。

图8-5 输入文本

STEP 06 选择"矩形工具" ，设置填充颜色为"#692027"，在"优质"文本中间处绘制矩形，然后将其创建为剪贴蒙版，调整位置；对"生鲜"文本进行重复操作，如图8-6所示。

图8-6 为文字创建剪切蒙版

STEP 07 选择"矩形工具" ，取消填充，设置描边颜色为"#3b1115"，描边宽度为"1点"，绘制矩形，接着为其创建图层蒙版，选择蒙版，设置前景色为"黑色"，选择"画笔工具" ，设

置画笔样式为"硬边圆"，不透明度为"100%"，在矩形周围涂抹，使其呈现图8-7所示的效果。

图8-7 涂抹装饰矩形

STEP 08 选择"横排文字工具" T，设置字体为"思源黑体 CN"，字体大小为"22点"，文本颜色为"#3b1115"，在"字符"面板中设置字距为"680"，在文本下方输入"新鲜美味·价格实惠·绿色健康"文本。

STEP 09 更改字体大小为"20点"在文本下方输入"新/店/开/业/优/惠/活/动"文本；更改字体为"黑体"，字体大小为"24点"，文本颜色为"白色"，在"字符"面板中设置字距为"200"，在文本下方输入"点击查看＞"文本。

STEP 10 选择"圆角矩形工具" ，设置填充颜色为"#bc3935"，取消描边，设置半径为"15像素"，在下排文本处绘制圆角矩形充当底纹，如图8-8所示。

图8-8 绘制底纹

STEP 11 打开"轮播海报装饰.psd"文件（配套资源\素材文件\第8章\轮播海报装饰.psd），选择两个图层组，将其移动到"生鲜轮播海报"文件夹中，展开"水果"图层组，调整图层组内图像的

位置，如图8-9所示；重复操作调整"叶子"图层组内图像的位置。

图8-9　调整图像位置

STEP 12 保存文件，并另存一张JPG格

式的图片文件，最终效果如图8-10所示（配套资源:\效果文件\第8章\生鲜轮播海报.psd、生鲜轮播海报.jpg）。

图8-10　最终效果

↘ 8.2.2　单图海报设计

单图海报用于展示单个商品、单个主题，要求宽度为1200像素，高度为120像素~2000像素，文件大小不超过2MB，数量在1~4张，格式为JPG或PNG。网店美工在制作"沁心生鲜"移动端店铺单图海报时，可选用店铺中的热销商品——脐橙为主体形象，然后丰富整个画面的视觉效果，为避免因单一的主体形象产生单调感，在配色上继续沿用轮播海报的背景色，增强统一性。其具体操作步骤如下。

微课：单图海报设计

STEP 01 新建大小为"1200像素×2000像素"，分辨率为"72像素/英寸"，名称为"脐橙单图海报"的文件。

STEP 02 置入"单图海报背景.jpg"图片（配套资源:\素材文件\第8章\单图海报背景.jpg），调整其位置和大小，如图8-11所示。

STEP 03 观察画面，发现左侧的叶子过于抢眼，导致整体图像空间感不强。选择"快速选择工具" ，在叶子上拖曳鼠标指针为其创建选区，选择【滤镜】\【模糊】\【表面模糊】命令，在打开的"表面模糊"对话框中设置半径为"21"，阈值为"23"，效果如图8-12所示，按【Ctrl + D】组合键取消选区。

STEP 04 置入"橙子.png"图片（配套资源:\素材文件\第8章\橙子.png），调整

其位置和大小，此时发现主体图像与背景图像的空间感仍不强且两者之间略显空荡；再置入"橙汁1.png、橙汁2.png"图片（配套资源:\素材文件\第8章\橙汁1.png、橙汁2.png），调整其位置和大小，充当主体图像与背景图像间的过渡区域，如图8-13所示。

图8-11　背景图片　　图8-12　模糊部分图像

图8-13　置入图片

STEP 05 在"橙子"图层下方新建图层，设置前景色为"#de3f00"，选择"画笔工具" ，设置画笔样式为"柔边圆"，画笔大小为"127像素"，围绕橙子底部区域绘制阴影，设置该图层的混合模式为"叠加"，不透明度为"74%"，效果如图8-14所示。

图8-14　绘制阴影并调整

STEP 06 观察画面，发现右侧橙子的阴影不够明显，按照STEP 05的方法继续绘制阴影，保持画笔工具设置不变，设置阴影图层的混合模式为"正片叠底"，不透明度为"44%"，效果如图8-15所示。

图8-15　补足阴影

STEP 07 选择"横排文字工具" ，设

置字体为"优设标题黑"，字体大小为"207点"，文本颜色为"白色"，输入"应季热销"文本，打开"字符"面板，调整该文字的间距为"260"；双击该文本图层右侧的空白处，在打开的"图层样式"对话框中单击选中"渐变叠加"复选框，在对话框右侧设置渐变颜色为"#ff7235~#fe4717"，其他参数如图8-16所示，单击 确定 按钮。

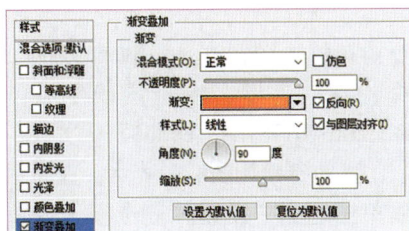

图8-16　设置添加渐变叠加参数

STEP 08 选择"椭圆工具" ，设置填充颜色为"#fee8c5"，取消描边，按住【Shift】键不放，在"应"字下方绘制正圆，使文本与橙汁图像分离。

STEP 09 选择"横排文字工具" ，设置字体为"思源黑体 CN"，字体大小为"62点"，文本颜色为"#ff6e32"，在文本下方输入"脐橙 酸甜真好吃"文本，在"字符"面板中调整该文字的字距为"200"，再选中"脐橙"二字，单击"仿粗体"按钮 ；接着在文本下方输入"买一斤送半斤"文本。

STEP 10 选择"圆角矩形工具" ，取消填充，设置描边颜色为"#97380e"，描边宽度为"2点"，半径为"15像素"，围绕"脐橙"二字绘制圆角矩形，如图8-17所示。

图8-17　绘制圆角矩形

STEP 11 选择"横排文字工具" T，设置字体为"黑体"，字体大小为"72点"，文本颜色为"白色"，在"字符"面板中设置字距为"60"，在文本下方输入"点击购买>"文本。

STEP 12 选择"圆角矩形工具" □，设置填充颜色为"#ffc9a6"，取消描边，设置半径为"40像素"，在下排文本处绘制圆角矩形充当底纹，双击该图层右侧的空白处，在打开的"图层样式"对话框中单击选中"渐变叠加"复选框，在对话框右侧设置渐变颜色为"#fee2db~#ff9872~#feddd5"，如图8-18所示，其他参数如图8-19所示；在对话框左侧单击选中"投影"复选框，设置颜色为"#fe5b26"，其他参数如图8-20所示，单击 确定 按钮。

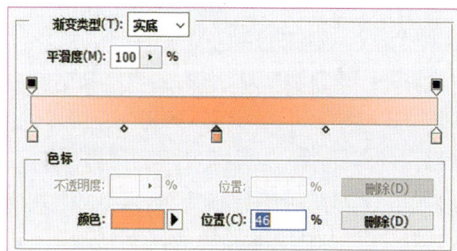

图8-18 设置渐变颜色

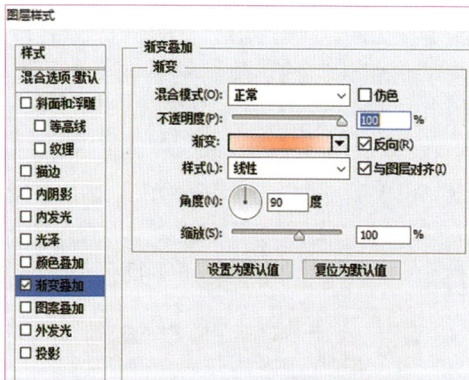

图8-19 设置渐变叠加参数

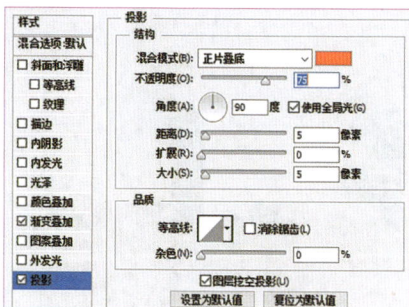

图8-20 设置投影参数

STEP 13 保存文件，最终效果如图8-21所示（配套资源:\效果文件\第8章\脐橙单图海报.psd）。

图8-21 最终效果

设计素养

网店美工在制作平面作品时，可以通过与本例相同的方式，在画面中分层级放置图像，拉伸每个图像之间的距离，在视觉上扩大距离。也可利用透视，如近大远小、近实远虚等；或者利用光线，如近光处色彩较为明亮，远光处色彩较为深沉的方式，营造空间感和立体感。

↘ 8.2.3 优惠券设计

与PC端相比，移动端优惠券的位置更加显眼，引流效果更佳，并且在尺寸要求上也不严格，可以根据店铺首页整体设计来决定。网店美工在制作"沁心生鲜"移动端店铺的优惠券时，可继续沿用轮播海报、单图海报的配色，采用几何图形来美化设计并起到分割区域的作用。其具体操作步骤如下。

微课：优惠券设计

STEP 01 新建大小为"756像素×320像素"，分辨率为"72像素/英寸"，名称为"生鲜优惠券"的文件。选择"矩形工具" □，设置填充颜色为"#feeedd"，取消描边，绘制矩形；接着更改填充颜色为"#fb8439"，新建图层，在绘制的矩形左侧再绘制一个等高的矩形，如图8-22所示。

图8-22 绘制矩形

STEP 02 选择"椭圆工具" ○，取消填充，设置描边颜色为"白色"，描边宽度为"3点"，按住【Shift】键不放，在小矩形右侧绘制圆。

STEP 03 选择"横排文字工具" T，设置字体为"黑体"，字体大小为"136点"，文本颜色为"白色"，在绘制的圆中输入"券"文本，如图8-23所示。

图8-23 输入文本（1）

STEP 04 按【Ctrl+E】组合键合并圆形状图层和文本图层，在合并后的图层

上单击鼠标右键，在弹出的快捷菜单中选择【创建剪贴蒙版】命令，如图8-24所示，设置剪贴蒙版图层的不透明度为"10%"，调整剪贴图层上图像的位置。

图8-24 创建剪贴蒙版

STEP 05 选择"横排文字工具" T，设置字体为"优设标题黑"，字体大小为"96点"，文本颜色为"白色"，字距为"0"，输入"10"文本；更改字体为"黑体"，字体大小为"18点"，在文本右侧输入"元"文本；更改字体大小为"17点"，字距为"100"，在文本下方输入"实付满99元使用"文本；更改字体大小为"16点"，输入"点击领取"文本，如图8-25所示。

图8-25 输入文本（2）

STEP 06 选择"矩形工具" □，设置填充颜色为"白色"，取消描边，在"元"文本下方绘制矩形；选择"圆

角矩形工具"![圆角矩形工具]，设置填充颜色为"#fdc823"，取消描边，设置半径为"10像素"，在"点击领取"文本下方绘制圆角矩形。

STEP 07 双击"圆角矩形"图层右侧的空白处，在打开的"图层样式"对话框中单击选中"投影"复选框，设置颜色为"#ea6f22"，其他参数如图8-26所示，单击 确定 按钮。

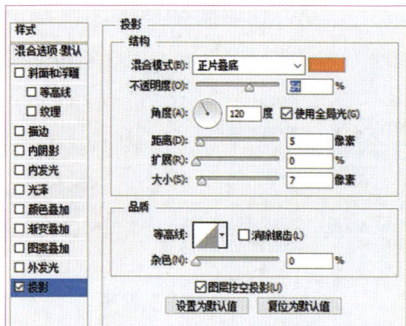

图8-26 设置投影参数

STEP 08 全选优惠券内容，按【Ctrl+G】组合键创建"组1"图层组，按【Ctrl+J】组合键复制两次图层组，调整图层组的位置，选择【图层】\【对齐】\【顶边】命令，再选择【图层】\【分布】\【水平居中】命令，使3个图层组的顶部对齐并距离均等地分布。

STEP 09 修改另外两张优惠券的文本内容及部分内容的位置，如图8-27所示。

图8-27 制作其他两张优惠券

STEP 10 选择"矩形工具"![矩形工具]，设置填充颜色为"#fdc823"，取消描边，在优惠券右侧绘制等高的矩形；置入"优惠

券装饰.png"图片（配套资源:\素材文件\第8章\优惠券装饰.png），调整图片的大小和位置，如图8-28所示。

图8-28 绘制矩形并置入图片

STEP 11 选择"直排文字工具"![直排文字工具]，设置字体为"优设标题黑"，字体大小为"36点"，文本颜色为"#fcf2d5"，在置入的图片中输入"店铺优惠券"文本。

STEP 12 选择"直线工具"![直线工具]，取消填充，设置描边颜色为"#959595"，描边宽度为"10点"，在描边样式下拉列表框中选择第3个选项，在每个优惠券之间绘制垂直虚线，如图8-29所示。保存文件（配套资源:\效果文件\第8章\生鲜优惠券.psd），完成制作。

图8-29 绘制垂直虚线

新手试练

请设计某数码商品专营店铺的优惠券，配色以紫白为主，突出科技感，制作后的效果如图8-30所示。

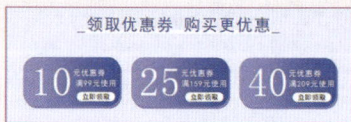

图8-30 优惠券效果

↘ 8.2.4　商品分类设计

与PC端相比，移动端首页的商品分类字体更大，分类板块更加简洁、数量更少，尺寸也无严格要求，只需宽度在1200像素以内即可。网店美工在制作"沁心生鲜"移动端店铺的商品分类时，可继续沿用前面作品的配色。为区别优惠券的设计模式，可采用叠加几何图形的方式，增强设计的立体感。其具体操作步骤如下。

微课：商品分类设计

STEP 01 新建大小为"1200像素×560像素"，分辨率为"72像素/英寸"，名称为"生鲜分类"的文件，设置前景色为"#feefe0"，按【Alt+Delete】组合键填充背景颜色。

STEP 02 选择"矩形工具" ▣，设置填充颜色为"白色"，取消描边，在图像编辑区中单击，打开"创建矩形"对话框，设置宽度为"1151像素"，高度为"343像素"，单击 确定 按钮；重复操作，绘制一个尺寸为"1200像素×259像素"，填充颜色为"#fd9a5c"的矩形，如图8-31所示。

图8-32　输入文字

STEP 04 选择"矩形工具" ▣，设置填充颜色为"#fffaf1"，取消描边，在文字左下方绘制矩形；选择"椭圆工具" ◯，设置填充颜色为"白色"，取消描边，按住【Shift】键不放，在绘制的矩形上绘制正圆，如图8-33所示，丰富画面。

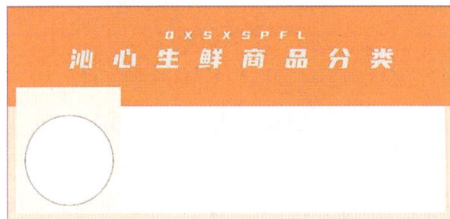

图8-31　绘制矩形

图8-33　绘制矩形和正圆

STEP 03 选择"横排文字工具" T，设置字体为"优设标题黑"，字体大小为"72点"，文本颜色为"#f0f0f0"，打开"字符"面板，设置字距为"680"，在顶部的矩形中间输入"沁心生鲜商品分类"文本；更改字体大小为"36点"，文本颜色为"白色"，在文本上方输入图8-32所示的文本。

STEP 05 打开"分类商品.psd"文件（配套资源:\素材文件\第8章\分类商品.psd），将"鸡蛋"图层移动到"生鲜分类"文件中，并调整其大小和位置。

STEP 06 选择"横排文字工具" T，设置字体为"思源黑体 CN"，字体大小为"36点"，文本颜色为"#3b1115"，使其与轮播海报中的文本元素有所对应，再设置字距为"140"，在鸡蛋图像上方输入"生肉禽蛋"文本；更改字体大小

为"18点"，文本颜色为"白色"，在鸡蛋图像下方输入"了解详情＞＞＞"文本。

STEP 07 选择"圆角矩形工具" ▢，设置填充颜色为"#d72d28"，取消描边，设置半径为"40像素"，在"了解详情＞＞＞"文本处绘制圆角矩形充当底纹，完成"生肉蛋禽"分类制作，如图8-34所示。

图8-34 "生肉蛋禽"分类

STEP 08 选择STEP 04~STEP 07涉及的图层，按【Ctrl+G】组合键将其创建为"组1"图层组，按3次【Ctrl+J】组合键复制该图层组，调整复制后图层组的位置。

STEP 09 切换到"分类商品.psd"文件中，将剩余的图层依次移动到复制的3个图层组内，并删除鸡蛋图像，最后修改文本内容，如图8-35所示，完成其余3类的制作。

图8-35 制作其余分类

STEP 10 保存文件，最终效果如图8-36所示（配套资源:\效果文件\第8章\生鲜分类.psd）。

图8-36 最终效果

↘ 8.2.5 商品展示图设计

为了更多地展示店铺内的热卖商品、上新商品等，网店美工可在店铺首页添加商品展示图。要求宽度仍为1200像素，支持JPG和PNG格式。网店美工在制作"沁心生鲜"移动端店铺的商品展示图设计时，可采用双栏展示方式来展示主推商品的卖点，在配色与形式、文字字体选择上依旧沿用前作品。其具体操作步骤如下。

微课：商品展示图设计

STEP 01 新建大小为"1200像素×1022像素"，分辨率为"72像素/英寸"，名称为"生鲜商品展示"的文件。设置前景色为"#fd9a5c"，按【Alt + Delete】组合键填充背景颜色。

STEP 02 选择"矩形工具" ▢，设置填充颜色为"#feeedd"，取消描边，在图像编辑区顶端绘制矩形。

STEP 03 选择"横排文字工具" T，设置字体为"优设标题黑"，字体大小为"72点"，文本颜色为"#fd9a5c"，打开"字符"面板，设置字距为"200"，在顶部的矩形中间输入"沁心生鲜主推商品"文本；更改字体为"黑体"，字体大小为"36点"，在文本下方输入图8-37所示的文本，完成背景区域的制作。

图8-37　输入文本（1）

STEP 04 选择"圆角矩形工具" ，设置填充颜色为"白色"，取消描边，在图像编辑区单击，打开"创建圆角矩形"对话框，设置宽度为"521像素"，高度为"352像素"，半径为"30像素"，单击 **确定** 按钮，接着调整创建的圆角矩形的形状位置；重复操作，绘制一个较小的填充渐变颜色为"#de6e59~#bc3935"，其他参数如图8-38所示的圆角矩形。此时，通过渐变色与纯色对比，完成模块的立体感构造。

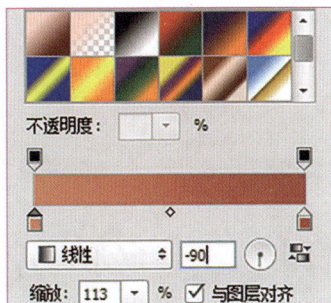

图8-38　渐变参数

STEP 05 为渐变色的圆角矩形添加"投影"图层样式，设置颜色、不透明度、角度、距离、大小为"#bf4c36、38%、97°、8像素、9像素"；在该图层上单击鼠标右键，在弹出的快捷菜单中选择"拷贝图层样式"命令，选择白色圆角矩形图层，单击鼠标右键，在弹出的快捷菜单中选择"粘贴图层样式"命令，效果如图8-39所示。

图8-39　复制投影效果

STEP 06 置入"洋葱.png"图片（配套资源:\素材文件\第8章\洋葱.png），调整其位置和大小。

STEP 07 选择"横排文字工具" ，设置字体为"优设标题黑"，字体大小为"30点"，文本颜色为"白色"，字距为"80"，在渐变圆角矩形中间输入"紫皮水果洋葱"文本；更改字体为"黑体"，文本颜色为"#fd702d"，在文本右下方输入"云南产地"文本，如图8-40所示。

图8-40　输入文本（2）

STEP 08 选择"椭圆工具" ，设置填充颜色为"#c5533c"，取消描边，按住【Shift】键不放，在文本下方绘制正圆。选择"横排文字工具" ，设置字体为"宋体"，字体大小为"21点"，文本颜色与正圆同色，在正圆右侧输入"生吃脆甜"文本。

STEP 09 复制STEP 08涉及的图层，调整复制后图像的位置，并修改文本为"肉厚汁多"，如图8-41所示。

图8-41　修改文本内容

STEP 10 选择"横排文字工具" **T** ，
设置字体为"黑体"，字体大小为"18
点"，文本颜色为正圆同色，字距为
"-50"，在文本下方输入"活动价：
28.8元/斤"文本；选择"28.8"文本，更
改字体大小为"30点"；更改字体大小
为"24点"，文本颜色为"白色"，在
文本下方输入"点击购买 >"。

STEP 11 选择"圆角矩形工具" ▭ ，设
置填充颜色为"#bc3935"，取消描边，
在"点击购买 >"文本下方绘制圆角矩形
充当底纹，如图8-42所示。

图8-42　绘制圆角矩形

STEP 12 将STEP 04~STEP 11涉及的图层
按【Ctrl+G】组合键创建为"组1"图层
组，按【Ctrl+J】组合键复制该图层组，
调整复制后图层组的位置，并将其重命名为
"组2"；选择"组1"和"组2"图层组，
按【Ctrl+J】组合键复制，将复制后的图
层组移至下方，如图8-43所示。

图8-43　复制图层组并调整位置

STEP 13 删除复制所得图层组内的洋
葱图像，依次置入"胡萝卜.png、黑虎
虾.png、五花肉.png"图片（配套资源:\素
材文件\第8章\胡萝卜.png、黑虎虾.png、
五花肉.png），调整位置和大小。接着按
照新商品图像修改图层组内对应的文本
内容。

STEP 14 保存文件，完成制作，效果如
图8-44所示（配套资源:\效果文件\第8章\
生鲜商品展示.psd）。

图8-44　最终效果

📢 **经验之谈**

网店美工在制作商品较多且商品之间
分区明显的商品展示图时，应注意商品图
像的选择，如本例选取拍摄角度和盛放器
皿相类似的图像，也可选取外形、色彩较
相近的图像，增强画面的整体感。

8.3　移动端商品详情页设计

和PC端一样，移动端商品详情页的美观程度对商品的销售有着至关重要的作用。网店美工应在掌握移动端商品详情页特征和设计要点的基础上，再进行设计。

↘ 8.3.1　移动端商品详情页的特征

由于移动端与PC端的差异，以及使用移动端商品购物的特点，移动端商品详情页总体上呈现以下4个特征。

● **尺寸更小：** 移动端商品详情页尺寸相较于PC端商品详情页会更小，其宽度在480~1500像素，通常使用750像素的宽度（与PC端保持一致），而一屏高度不超过960像素，总体高度不超过3500像素。为了能在一屏内展示消费者想看的内容和信息，网店美工在设计移动端商品详情页时需要考虑其页面的长度。

● **卖点更加精练：** 移动端商品详情页的内容可以参照PC端，但是移动端更加注重在最短的时间内，把消费者的购买欲望放大，因此，移动端商品详情页内的卖点应该更加精炼。图8-45所示为某家居的商品详情页焦点图，该图整体以画面为主，卖点文字简洁干练。

图8-45　卖点更加精练

● **页面切换不便：** 消费者在浏览PC端详情页时可以很方便地通过页面的文字或按钮切换页面，而使用移动端切换页面并不是很方便，因此，移动端商品详情页中的图片及图片上的引导文字一定要清晰并且具有吸引力，能够让消费者停留于此，并刺激其产生购买行为，降低消费者的跳失率。

● **页面文件的容量更小**：在PC端浏览网页页面平均需要消耗9MB流量，而直接将PC端商品详情页转化为移动端商品详情页，将导致页面加载缓慢，耗费消费者更多的流量。因为移动端商品详情页的页面文件的容量更小，所以移动端商品详情页不建议使用较多且较大的图片，整体文件大小不应超过10MB。

↘ 8.3.2 移动端商品详情页的设计要点

通常情况下，移动端商品详情页的内容和PC端的基本一致。因为商品详情页的内容趋向一致化，都是向消费者展示商品的卖点，促使消费者下单购买，因此，移动端商品详情页仍以焦点图、信息展示图和卖点说明图为主。需要注意的是，移动端商品详情页由于设备的原因，在设计时需要注意以下3点。

● **图片**：图片不能太大，否则容易出现加载缓慢的问题，影响消费者的购物体验，此时网店美工应在保证图片清晰的同时压缩图片大小；需要注意的是，商品细节图不能太小，应尽量保证清晰，让消费者能够看见详细的商品细节，以此产生购买欲望。

● **文字**：图片里的文字、商品信息和商品描述文字都不能太小，否则容易导致阅读困难，无法向消费者传达商品信息。

● **商品**：合理控制页面展示的信息量，省略一些无关紧要的内容，减少消费者浏览的时间，防止消费者因浏览时间过长降低对商品的好感度。

↘ 8.3.3 设计移动端商品详情页

设计完"沁心生鲜"移动端店铺首页后，网店美工便需要逐一设计店内商品的详情页。网店美工可先设计一个"脐橙"商品详情页作为模板，然后在此基础上制作其余商品详情页。设计时，可运用"脐橙"单图海报的配色和字体，使消费者通过单图海报进入详情页时，不会产生过大的视觉落差，最后在卖点文字中展示其商品卖点。其具体操作步骤如下。

微课：设计移动端商品详情页

STEP 01 新建大小为"750像素×3200像素"，分辨率为"72像素/英寸"，名称为"脐橙详情页"的文件。

STEP 02 设置前景色为"#feeedd"，按【Alt + Delete】组合键填充背景颜色。

STEP 03 选择"矩形工具" ▭，设置填充颜色为"黑色"，取消描边，在图像编辑区顶端绘制等宽的矩形。

STEP 04 置入"橙子焦点图.jpg"图片（配套资源:\素材文件\第8章\脐橙移动端详情页素材\），调整其位置和大小，单击"添加图层蒙版"按钮 ▢，选择蒙版，再选择"画笔工具" ✎，设置画笔样式为"柔边圆"，不透明度为"76%"，在图像与黑色矩形交界处不断调整画笔大小进行涂抹，使其自然融合，如图8-46所示。

图8-46 涂抹交界处

STEP 05 选择"横排文字工具" T，设置字体为"思源黑体 CN"，字体大小为"24点"，文本颜色为"白色"，打开"字符"面板，设置字距为"800"，在黑色矩形处输入"酸酸甜甜|肉厚多汁"文本；更改字体为"优设标题黑"，字体大小为"140点"，字距为"50"，在文本下方输入"赣南脐橙"文本；更改字体为"思源黑体 CN"，字体大小为"36点"，字距为"200"，输入"香甜美味 鲜嫩多汁 入口化渣"文本。

STEP 06 选择"圆角矩形工具" ▢，设置填充颜色为"#bc3935"，取消描边，设置半径为"30像素"，在第3排文本下方绘制圆角矩形，如图8-47所示。

图8-47　绘制圆角矩形

STEP 07 选择"椭圆工具" ⬭，设置填充颜色为"#feeedd"，取消描边，按住【Shift】键不放绘制正圆；复制绘制的正圆，按【Ctrl + T】组合键缩小形状，修改填充颜色为"#ffa200"，调整位置使其置于圆形状的中心。

STEP 08 选择"画笔工具" ✎，在小圆图层上新建图层，保持STEP 04设置不变，将前景色改为"#fef66c"，在小圆左上角处涂抹，然后为该图层和小圆图层创建剪贴蒙版，模拟光线效果，如图8-48所示。

图8-48　绘制光线效果

STEP 09 选择"横排文字工具" T，设置字体大小为"42点"，文本颜色为"#fefbee"，字距为"0"，字体保持不变，输入"自然成长"文本。

STEP 10 选择STEP 07~STEP 09涉及的图层，按【Ctrl+G】组合键将其创建为"组1"图层组，按【Ctrl+J】组合键复制该图层组，调整复制后图层组的位置并修改文本内容为"清甜爽口"，完成焦点图的制作，如图8-49所示。

图8-49　焦点图

STEP 11 置入"装饰.png、橙子片.png"图片（配套资源:\素材文件\第8章\脐橙移动端详情页素材\），调整图片的位置和大小；修改"橙子片"图层的混合模式为"柔光"，不透明度为"49%"。

STEP 12 选择"横排文字工具" T，设置字体为"优设标题黑"，字体大小为"72点"，字距为"200"，输入"关于商品"文本；更改字体为"黑体"，字体大小为"48"点，字距为"0"，输入"产地"文本；更改字体大小为"36点"，在"产地"文本下方输入"江西赣南"文本。

STEP 13 选择"产地"和"江西赣南"

文本，复制5次后，调整位置，并按图8-50所示的信息，修改文本内容，完成信息展示图的制作，效果如图8-50所示。

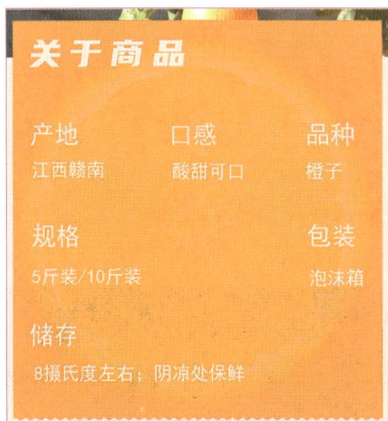

图8-50 信息展示图

STEP 14 选择"横排文字工具" T.，设置字体为"优设标题黑"，字体大小为"72点"，文本颜色为"#ffa200"，字距为"200"，输入"果园现摘直发"文本，选择"现摘"二字，更改文本颜色为"黑色"；更改字体为"黑体"，字体大小为"30"点，字距为"700"，输入"自然熟 不催熟 不打蜡"文本。

STEP 15 选择"矩形工具" ▢，设置填充颜色为"白色"，取消描边，在文本下方绘制矩形；置入"新鲜.jpg"图片（配套资源:\素材文件\第8章\脐橙移动端详情页素材\），调整其位置和大小，并将其和白色矩形创建为剪贴蒙版，如图8-51所示。

STEP 16 选择"椭圆工具" ⬭，设置填充颜色为"#ffa200"，取消描边，按住【Shift】键不放，在"新鲜"图像左上方绘制正圆；选择"横排文字工具" T.，设置字体为"思源黑体 CN"，字体大小为"40点"，文本颜色为"#fffbe9"，输入"香甜多汁"文本，如图8-52所示。

图8-51 创建剪贴蒙版   图8-52 输入文本

STEP 17 复制两次STEP 16涉及的图层，调整其位置并修改文本内容，完成卖点说明图1的制作，效果如图8-53所示。

图8-53 卖点说明图1

STEP 18 复制STEP 14输入的文本，调整位置并修改文本内容。

STEP 19 选择"矩形工具" ▢，在文本左下方绘制矩形；置入"成熟.jpg"图片（配套资源:\素材文件\第8章\脐橙移动端详情页素材\），调整其位置和大小，并将其和白色矩形创建为剪贴蒙版。

STEP 20 复制STEP 19涉及的图层，删除"成熟"图像，置入"饱满.jpg"图片（配套资源:\素材文件\第8章\脐橙移动端详情页素材\），为其创建剪贴蒙版。

STEP 21 保存文件并另存一张JPG格式的图片，最终效果如图8-54所示（配套资源:\效果文件\第8章\脐橙详情页.psd、脐橙详情页.jpg）。

图8-54　最终效果

8.4　移动端店铺装修

移动端店铺装修大致可分为首页装修和商品详情页装修，其中首页装修方法类似于PC端店铺的装修方法，而商品详情页的装修则需要在宝贝发布界面中进行操作。

↘ 8.4.1　移动端店铺首页装修

在"沁心生鲜"移动端店铺设计完成后，网店美工便需要先装修店铺首页。网店美工在装修时，要先进入装修页面，选择并添加想要的模块，并在右侧模块面板上编辑图片、文本、视频、链接等。其具体操作步骤如下。

STEP 01　登录淘宝网，进入千牛卖家工作台，在页面左侧单击"店铺"选项卡，展开"店铺装修"选项，再单击"手机店铺装修"选项，接着单击"推荐（首页）"页面的"系统默认首页"后的 装修页面 按钮，如图8-55所示，进入首页装修页面。

图8-55　单击"装修页面"按钮

STEP 02 店铺中已有"排行榜""轮播图海报""猜你喜欢"等模块，将鼠标指针移动到"轮播图海报"模块上方，单击后右侧将自动出现编辑页面，如图8-56所示。

图8-56　选择"轮播图海报"模块

STEP 03 将鼠标指针移动到"上传图片"栏中的⊞按钮上方，然后单击其右侧显示的 上传图片 按钮，打开"选择图片"对话框，将"生鲜轮播海报.jpg"图片（配套资源:\效果文件\第8章\生鲜轮播海报.jpg）上传到图片空间，然后在图片空间中选择该图片，单击右下角 确认 按钮，打开图8-57所示的对话框。

STEP 04 此时，所选择的图片尺寸符合要求，不需要拖曳调整框调整，直接单击 保存 按钮，回到装修页面。

图8-57　打开对话框

STEP 05 此时，轮播图已放置在模块中，在"模块名称"文本框中输入名称，在"上传图片"栏中输入无线链接网址，单击 保存 按钮，装修完毕，单击页面右上角的 预览 按钮后，使用移动设备扫码，可在设备上预览装修效果，如图8-58所示。

STEP 06 按照与STEP 02~STEP 05相同的方法装修首页中其他模块，单图海报装修效果如图8-59所示。

图8-58　装修效果　图8-59　单图海报装修效果

经验之谈

移动端相较于PC端具有互动性强的特点，因此能与消费者进行更多的互动，为此，淘宝平台为移动端店铺首页额外提供了购买模块服务。网店美工可在首页装修页面根据店铺所属行业购买相应的互动模块，这样既能满足互动需求，也能提升店铺装修的视觉效果。

↘ 8.4.2 移动端店铺商品详情页装修

网店美工装修商品详情页时，要先发布对应的商品，进行相应操作后才能装修商品详情页。其具体操作步骤如下。

STEP 01 登录淘宝网，进入千牛卖家工作台，在页面左侧单击"商品"选项卡，展开"商品管理"选项卡，选择"发布宝贝"选项，设置好商品类目后，单击"下一步，发布商品"按钮。进入"商品发布"页面，在"导购素材"栏中单击 图片 按钮。

STEP 02 在打开的对话框中单击 上传图片 按钮，将切片后的图片（配套资源:\素材文件\第8章\脐橙详情页切片\）上传到图片空间，选择上传的图片后，单击 确认 按钮，将自动返回"商品发布"页面。

STEP 03 此时，图片的排列顺序错乱，将鼠标指针移至小图上，按住鼠标左键不放并拖曳鼠标指针，调整各个图片的位置，使其按照商品详情页的制作顺序排列，如图8-60所示。

图8-60 调整图片顺序

STEP 04 拖曳"详情"左侧的导航条可查看图片效果，如图8-61所示。

图8-61 详情页装修效果

STEP 05 填写完商品信息后，单击页面的"提交宝贝信息"按钮，在发布完毕后即可查看商品详情页的装修效果。

经验之谈

移动端店铺商品详情页装修与PC端店铺商品详情页的装修页面并不相似，但装修流程较为相似。

微课：移动端店铺商品详情页装修

8.5 实战演练——制作茶叶店铺移动端首页

某茶叶店铺移动端首页需要重新装修，因为店铺商品种类不多，所以要求在首页中只划分单图海报、优惠券和商品展示3个模块，并且3个模块在设计中呈现浑然天成的视觉效果。网店美工在制作时，可根据店铺的经营范围将传统水墨画艺术和茶叶文化融合在一起，构成整个画面，再使用具有传统文化特征的元素来装点画面，渲染古典美氛围，效果如图8-62所示。

微课：制作茶叶店铺移动端首页

图8-62 茶叶店铺移动端首页

1. 设计思路

制作茶叶店铺移动端首页的思路如下。

（1）通过置入素材制作背景。

（2）添加商品图片，添加投影。

（3）输入促销文本，添加装饰物。

（4）通过形状、图像和文字的搭配，制作优惠券和商品展示模块。

2. 知识要点

完成本例的制作需要掌握以下知识。

（1）使用"投影"图层样式添加商品的投影。

（2）使用"椭圆工具" ⬭ 绘制优惠券形状；使用"剪贴蒙版"命令美化优惠券；使用"横排文字工具" T 输入文本。

（3）使用"圆角矩形工具" ▢ 绘制商品展示区域。

3. 操作步骤

接下来介绍茶叶店铺移动端首页的制作方法，其具体操作步骤如下。

STEP 01 新建大小为"1200像素×3440像素"，分辨率为"72像素/英寸"，名称为"茶叶店铺移动端首页"的文件。

STEP 02 分别置入"水墨背景.jpg、茶具.png"图片（配套资源:\素材文件\第8章\水墨背景.jpg、茶具.png），调整图片的大小和位置。为"茶具"图层添加"投影"图层样式，设置颜色为"#424242"，其他参数如图8-63所示。

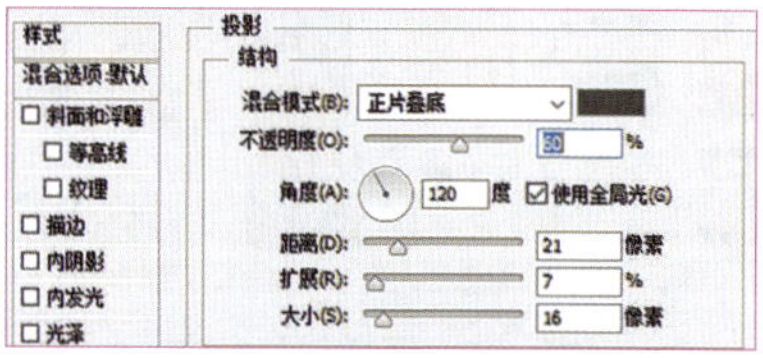

图8-63 设置投影参数

STEP 03 打开"水墨装饰.psd"文件（配套资源:\素材文件\第8章\水墨装饰.psd），将"叶子""标题"图层组移至"茶叶店铺移动端首页"文件中，调整图层组内各个图层上图像的位置和大小，效果如图8-64所示。

STEP 04 选择"直排文字工具" ⅼT，设置字体为"隶书"，字体大小为"60点"，字距为"60"，文本颜色为"白色"，在红色装饰上输入"茶具半价"文本；更改字体大小为"48点"，文本颜色为"黑色"，字距为"200"，输入"斗茶味兮轻醍醐　斗茶香兮薄兰芷"文本，完成的单图海报的制作效果如图8-65所示。

图8-64　置入装饰

图8-65　单图海报

STEP 05 选择"椭圆工具" ⬭，设置填充颜色为"#003012"，取消描边，按住【Shift】键不放，在图像编辑区左下方绘制正圆；复制绘制的正圆，取消填充颜色，设置描边颜色为正圆同色，描边宽度为"2.5点"，在"描边样式"下拉列表框中选择第3个选项，按【Ctrl＋T】组合

键调整大小和位置。

STEP 06 置入"茶叶.jpg"图片（配套资源:\素材文件\第8章\茶叶.jpg），将其移动到正圆中，调整图片的位置和大小，为其和正圆形状创建剪贴蒙版，如图8-66所示。

图8-66　置入图片并创建剪贴蒙版

STEP 07 选择"横排文字工具" T，设置字体为"Impact"，字体大小为"170点"，文本颜色为"白色"；输入"20"文本；更改字体为"思源黑体 CN"，字体大小为"78点"，输入"元"文本；更改字体大小为"28点"，输入"满128元可使用"文本。

STEP 08 选择STEP 05~STEP 07涉及的图层，按【Ctrl+G】组合键将其创建为图层组，按两次【Ctrl+J】组合键复制该图层组，调整复制后图层组的位置并修改文本内容，完成优惠券的制作，效果如图8-67所示。

图8-67　优惠券效果

STEP 09 选择"横排文字工具" T，设置字体为"隶书"，字体大小为"164点"，文本颜色为"#66a54c"，输入"主推商品"文本。

STEP 10 置入"叶子飞舞.png"图片（配套资源:\素材文件\第8章\叶子飞舞.png），调整大小和位置。

STEP 11 选择"圆角矩形工具" ⬜，取消填充颜色，设置描边颜色为"#66a54c"，描边宽度为"2点"，在"描边样式"下拉列表框中选择第2个选项，设置半径为"10像素"，在文本左下方绘制圆角矩形，如图8-68所示。

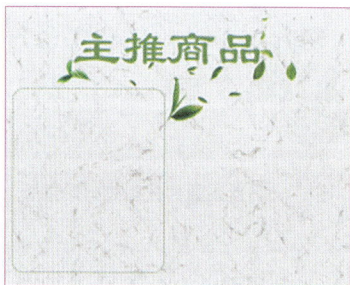

图8-68 绘制圆角矩形

STEP 12 置入"黄山毛峰.png"图片（配套资源:\素材文件\第8章\黄山毛峰.png），调整图片的大小和位置，接着复制"茶具"图层上的图层样式，然后粘贴在"黄山毛峰"图层上。

STEP 13 选择"横排文字工具" T，设置字体为"思源黑体 CN"，字体大小为"67点"，字体样式为"Bold"，文本颜色保持不变，输入"黄山毛峰"文本。

STEP 14 选择"直线工具" ✎，设置填充颜色为"#66a54c"，在文本下方绘制水平直线，如图8-69所示。

图8-69 绘制直线

STEP 15 选择"横排文字工具" T，保持字体和文本颜色不变，设置字体大小为

"48点"，字体样式为"Normal"，依次输入"产于安徽省黄山""外形微卷 状若雀舌"文本；更改字体样式为"Bold"，输入"精选良种茶树"文本；更改字体为"楷体"，字体大小为"60点"，文本颜色为"白色"，在文本右下侧输入"立即购买"文本。

STEP 16 选择"圆角矩形工具" ⬜，设置填充颜色为"#66a54c"，在下排文本处绘制圆角矩形充当底纹。

STEP 17 选择"横排文字工具" T，更改字体为"思源黑体 CN"，设置字体大小为"50点"，字体样式为"Normal"，文本颜色为"#324328"，输入"¥69/两"文本；选择"69"二字并更改字体大小为"125点"，完成主推商品1的制作，如图8-70所示。

图8-70 主推商品1效果

STEP 18 将STEP 11和STEP 12涉及的图层整理成图层组，再将STEP 13至STEP 16涉及的图层整理为图层组，复制这两个图层组，将复制后的图像移至原图像下方，并颠倒位置，如图8-71所示。

图8-71 复制图层组并调转位置

STEP 19 修改复制后图层组的内容和图像，主推商品2的制作效果如图8-72所示。

图8-72 主推商品2效果

STEP 20 查看商品推荐区效果，如图8-73所示（配套资源:\效果文件\第8章\茶叶店铺移动端首页.psd），保存文件，完成制作。

图8-73 商品推荐区效果

课后练习

本练习将利用收集的素材（配套资源:\素材文件\第8章\毛巾\）制作移动端毛巾详情页。网店美工在制作时可详细描述面料、生产工艺等卖点，加强消费者对商品的信赖度，参考效果如图8-74所示（配套资源:\效果文件\第8章\移动端毛巾详情页.psd）。

图8-74 移动端毛巾详情页效果

第4篇　综合实战

第9章　综合案例——糕点店铺视觉设计

　　本章将综合运用前面讲述的知识，对鸿蕖香糕点店铺进行视觉设计。鸿蕖香糕点是一家立志于推广传统糕点制作工艺，融合西式糕点技艺，不断研发新式糕点的线下糕点品牌。为顺应时代发展，该糕点店铺准备在淘宝网上创建"鸿蕖香糕点"官方旗舰店进行商品销售。为了给消费者留下较好的印象，店铺准备美化商品图片，制作店铺首页、商品详情页和商品推广图。

技能目标：

* 掌握美化与处理图片的基本技能
* 具备设计与制作店铺页面与推广图的能力

素养目标：

* 培养网店美工统筹全局，进行网店整体视觉效果设计的能力
* 培养网店美工综合运用所学知识的能力

9.1 美化糕点商品图

网店美工在进行店铺的整体设计时，需要先筛选商品图：筛选出存在瑕疵或者视觉效果不佳的商品图，然后"对症下药"，美化画面，并加强商品主体的色彩，使其在整个画面中处于紧抓消费者视线的地位。图9-1所示为蛋黄酥商品详情页焦点图所使用的商品图。画面整体效果不佳，不能让消费者产生食欲，并且蛋黄酥主体地位不明确，因此，网店美工需要对图片进行美化，美化后的参考效果如图9-2所示。

图9-1 糕点商品图原图

图9-2 糕点商品图美化后的效果图

↘ 9.1.1 案例分析

根据蛋黄酥商品原图的画面效果，分析优化商品图的思路如下。

（1）画面整体色彩和亮度较为昏暗，需要调整饱和度和亮度。

（2）商品酥皮色彩黯淡，与周围色彩融为一体，需要单独调整。

（3）商品周围物体的细节明显、色彩鲜明且面积较大，需要降低其存在感。

↘ 9.1.2 设计实施

根据案例分析结果开始美化商品图像，其具体操作步骤如下。

STEP 01 打开"蛋黄酥焦点图背景.jpg"图片（配套资源:\素材文件\第9章\蛋黄酥焦点图背景.jpg），选择【图像】/【图像大小】命令，调整画面大小为"790像素×527像素"，如图9-3所示。

图9-3 调整画面大小

STEP 02 选择【图像】/【调整】/

微课：美化糕点商品图

【亮度/对比度】命令，设置亮度、对比度分别为"62、-15"。选择【图像】/【调整】/【自然饱和度】命令，设置自然饱和度、饱和度分别为"+45、+56"，效果如图9-4所示。

图9-4 调整画面整体色彩

STEP 03 此时画面整体色彩偏红，蛋黄酥的酥皮色彩未呈现金黄色。选择【图像】/【调整】/【可选颜色】命令，设置参数如图9-5所示，减少画面中的红色，并增加黄色。

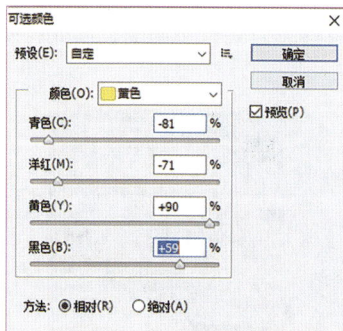

图9-6 加强画面的饱和度

图9-5 调整酥皮的色彩

STEP 04 选择【图像】/【调整】/【色相/饱和度】命令，设置饱和度为"+12"，加强画面的饱和度，效果如图9-6所示。

STEP 05 使用"快速选择工具" 📝，为除蛋黄酥和木托盘以外的图像创建选区，如图9-7所示。

图9-7 创建选区

STEP 06 使用【滤镜】/【模糊】/【高斯模糊】命令，设置半径为"1.2"，取消选区；使用"模糊工具" ⭕ 模糊图片中的布料和面粉，保存文件（配套资源:\素材文件\第9章\蛋黄酥焦点图背景.jpg），完成商品图像的美化。

9.2 设计糕点店铺首页

　　网店美工在制作店铺首页时，可先根据PC端店铺首页的模块规划首页布局，完成PC端店铺首页后，再将包含轮播海报和优惠券的图层移至移动端首页内，并调整为合适的尺寸，最后增添其他模块制作移动端首页。这样既可以提升制作效率，也能加强PC端店铺和移动端店铺设计的一致性，不会让消费者因使用设备不同，而导致对店铺装修效果观感不一。

　　"鸿蕖香糕点"官方旗舰店的PC端首页包含店招、轮播海报（2张）、优惠券、商品促销区4个模块，整个色调以暖色调为主，带给消费者温馨的视觉效果，效果如图9-8所示。

　　"鸿蕖香糕点"官方旗舰店的移动端首页包含轮播海报（1张）、优惠券、商品分类、商品展示区4个模块，整个色调与PC端店铺首页一致，但整体的视觉效果更加集中，效果如图9-9所示。

图9-8　"鸿蕖香糕点"官方旗舰店的PC端首页

图9-9　"鸿蕖香糕点"官方旗舰店的移动端首页

↘ 9.2.1　案例分析

根据店铺首页各个模块的作用，分析案例制作思路如下。

（1）店招作为PC端店铺首页的门面，视觉效果需要美观，并添加部分商品作为推广商品，其他模块的设计风格需要与其保持一致。

（2）轮播海报作为吸引消费者浏览首页和商品的重要区域，应以主推或热销商品图像为主体，添加卖点文字和装饰，制作成视觉效果较佳的作品。

（3）优惠券的设计需要较为明显，使消费者能够注意到并自主领取，使其产生消费欲望。

（4）商品促销区、商品分类和商品展示区3个模块作为店铺内展示商品的区域，可选取各式糕点进行展示，使消费者产生店铺商品丰富的印象。

↘ 9.2.2 设计实施

为提升制作效率，PC端店铺的模块尺寸将以全屏尺寸为主，方便转换为移动端尺寸。

1. 制作PC端店铺首页

通常情况下，PC端首页的浏览顺序为店招、轮播海报、优惠券、商品促销区。网店美工可按照该顺序进行制作，其具体操作步骤如下。

（1）设计店铺店招

STEP 01 新建大小为"1920像素×3394像素"，分辨率为"72像素/英寸"，名称为"鸿蓁香PC端首页"的文件。置入"店招背景.jpg"图片（配套资源:\素材文件\第9章\店招背景.jpg），并调整大小。

STEP 02 创建位置在120像素和150像素的水平参考线，位置在485像素和1435像素的垂直参考线。

STEP 03 使用"矩形工具"▭在水平参考线之间绘制填充颜色为"#f8aa2a"的矩形。使用"横排文字工具"Ｔ输入图9-10所示文本。

图9-10 输入文本

STEP 04 使用"椭圆工具"◯绘制填充颜色为"#fef1dc"的正圆后，置入"菠萝包.png"（配套资源:\素材文件\第9章\菠萝包.png）；复制两次正圆，并依次置入"各式糕点.png"图片（配套资源:\素材文件\第9章\各式糕点.png）和"蝴蝶酥.png"图片（配套资源:\素材文件\第9章\蝴蝶酥.png），然后调整所置入图片的大小，如图9-11所示。

图9-11 置入素材

STEP 05 置入"收藏店铺.png"图片（配套资源:\素材文件\第9章\收藏店铺.png）并调整其大小和位置，完成店招的制作，清除垂直参考线，效果如图9-12所示。

图9-12 PC端店招效果

（2）设计店铺轮播海报

STEP 01 创建位置在800像素的水平参考线，在第2条和第3条水平参考线间依次置入"轮播海报1背景.jpg"图片（配套资源:\素材文件\第9章\轮播海报1背景.jpg），"蔓越莓饼干.png"图片（配套资源:\素材文件\第9章\蔓越莓饼干.png），并调整图片的位置和大小，如图9-13所示。

STEP 02 使用"横排文字工具"Ｔ输入3排文本，使用"圆角矩形工具"▭在下排文字处绘制填充颜色为"#f96b5c"的圆角矩形充当底纹，如图9-14所示。

图9-13 置入素材

图9-14 输入文本和绘制底纹

STEP 03 为除下排文本以外的文本添加"渐变叠加"图层样式，设置渐变颜色为"#e39201~#f96b5c"，效果如图9-15所示。

图9-15 轮播海报1效果

STEP 04 新建位置为1450像素的水平参考线，在第3条和第4条水平参考线间依次置入"轮播海报2背景.jpg"图片（配套资源:\素材文件\第9章\轮播海报2背景.jpg）和"绿豆糕.png"图片（配套资源:\素材文件\第9章\绿豆糕.png），然后调整图片的位置和大小，如图9-16所示。

图9-16 置入素材

STEP 05 为"绿豆糕"图层添加颜色为"#6c7362"，不透明度、角度、距离、大小分别为"51%、99°、15像素、1像素"的"投影"图层样式。

STEP 06 使用"横排文字工具" T 输入3排文本，使用"矩形工具" ▢ 绘制描边颜色为"#49720e"，描边宽度为"3.8像素"的形状。

STEP 07 为形状图层创建并选择蒙版，

使用"画笔工具" ✎ 涂抹形状，效果如图9-17所示。

图9-17 轮播海报2效果

（3）设计店铺优惠券

STEP 01 新建位置在1700像素的水平参考线，在第4条和第5条水平参考线间使用"矩形工具" ▢ 绘制填充颜色为"#f8aa2a"，尺寸为"1920像素×250像素"的矩形。

STEP 02 置入"小麦.jpg"图片（配套资源:\素材文件\第9章\小麦.jpg），为其和矩形创建剪贴蒙版并调整不透明度为"65%"，如图9-18所示。

图9-18 制作优惠券背景

STEP 03 使用"横排文字工具" T 输入图9-19所示的文本；选择优惠券文本，将其创建成图层组，复制两次图层组，修改文本内容，效果如图9-20所示。

图9-19 输入文本

图9-20 优惠券效果

（4）设计店铺商品促销区

STEP 01 使用"矩形工具" ▢ 在第5条水平参考线下方绘制填充颜色分别为"#fbbf51、白色"的矩形。

STEP 02 使用"横排文字工具" T 分别输入"商品促销区""好吃又划算"文本。

STEP 03 使用"矩形工具" ▭绘制描边颜色为"白色"的形状，为其创建蒙版，选择蒙版后，使用"画笔工具" ✏涂抹形状，如图9-21所示。

图9-21　制作标题

STEP 04 绘制两个填充颜色为"#fdedd2"的矩形，在左侧矩形上置入"果仁酥.jpg"图片（配套资源:\素材文件\第9章\果仁酥.jpg），并创建剪贴蒙版，在右侧矩形上使用"横排文字工具" T输入文本。

STEP 05 使用"圆角矩形工具" ▢绘制填充颜色为"#f12d49"的形状，效果如图9-22所示。

图9-22　绘制形状

STEP 06 复制STEP 04和STEP 05涉及

的图层，调整其位置，并修改文本和图像（配套资源:\素材文件\第9章\蛋黄酥.jpg），如图9-23所示。

图9-23　修改文本和图像

STEP 07 查看商品促销区效果，如图9-24所示（配套资源:\效果文件\第9章\鸿蕖香PC端首页.psd），保存文件。

图9-24　商品促销区效果

2. 制作移动端店铺首页

网店美工可选用PC端已制作好的相同模块，只需要按照移动端的要求修改其对应的尺寸，接着再设计其他模块。其具体操作步骤如下。

（1）设计店铺轮播海报和优惠券

STEP 01 新建大小为"1200像素×2434像素"，分辨率为"72像素/英寸"，名称为"鸿蕖香移动端首页"的文件。

STEP 02 新建位置在600像素的水平参考线，将制作好的轮播海报1所有图层移动到新建的文件中，并调整图片大小，如图9-25所示。

微课：制作移动端店铺首页

图9-25　调整轮播海报

STEP 03 调整商品及文本的大小和位置，完成轮播海报，如图9-26所示。

图9-26 轮播海报效果

STEP 04 新建位置在900像素的水平参考线，重复操作，移动"优惠券"相关的图层内容，并调整大小和位置，使其置于两条参考线之间，如图9-27所示。

图9-27 调整优惠券

STEP 05 调整文本的大小和位置，完成优惠券的制作，如图9-28所示。

图9-28 优惠券效果

（2）设计店铺商品分类

STEP 01 新建位置在1490像素的水平参考线，使用"矩形工具" ▭ 在第2条和第3条参考线之间绘制填充颜色为"#fcf8ef"的矩形。

STEP 02 使用"横排文字工具" T 输入分类文本，使用"矩形工具" ▭ 绘制描边颜色为"#f96b5c"，描边宽度为"3点"的形状，创建并选择蒙版，使用"画笔工具" ✎ 涂抹形状，如图9-29所示。

图9-29 制作分类标题

STEP 03 使用"矩形工具" ▭ 绘制矩形，复制4次后分别调整位置，置入"果仁酥.jpg、馅饼.jpg、蛋糕卷.jpg、蛋黄酥.jpg、五仁月饼.jpg"图片（配套资源:\素材文件\第9章\糕点商品分类\），依次创建剪贴蒙版。

STEP 04 使用"椭圆工具" ⬭ 绘制填充颜色为"#f12d49"的正圆，使用"横排文字工具" T 输入分类文本；复制4次正圆和文本，并调整其位置、修改文本内容，如图9-30所示。

图9-30 商品分类效果

（3）设计店铺商品展示区

STEP 01 使用"矩形工具" ▭ 在1490像素的水平参考线下方绘制填充颜色为"#fcf3dd"的矩形。

STEP 02 使用"横排文字工具" T 输入"商品展示"文本，使用"矩形工具" ▭ 绘制描边颜色为"#f96b5c"，描边宽度为"3点"的形状。

STEP 03 形状图层创建并选择蒙版后，使用"画笔工具" ✎ 涂抹部分形状。

STEP 04 使用"矩形工具" ▭ 绘制大小不一的两个矩形，在小矩形上置入"蝴蝶心形酥.jpg"图片（配套资源:\素材文件\第9章\糕点商品展示\），调整图片的位置和大小后，为其创建剪贴蒙版。

STEP 05 使用"横排文字工具" T 输入商品相关文本；使用"椭圆工具" ⬭ 绘制正圆，并置入"购物车.png"图片（配套资源:\素材文件\第9章\糕点商品展示\），调整图片的大小和位置，如图9-31所示。

图9-31　置入图标

STEP 06 复制STEP 04和STEP 05涉及的图层，调整位置和文本内容，制作"榴莲酥"商品展示（配套资源:\素材文件\第9章\糕点商品展示\），如图9-32所示。

图9-32　制作商品展示

STEP 07 重复STEP 04和STEP 05的操作，在下方制作"原味杏仁酥、蔓越莓曲奇饼、凤梨酥"3个商品的展示（配套资源:\素材文件\第9章\糕点商品展示\）。

STEP 08 查看商品展示区效果，如图9-33所示（配套资源:\效果文件\第9章\鸿蕖香移动端首页.psd），保存文件。

图9-33　商品展示区效果

设计素养

　　同一家店铺的PC端和移动端的店铺页面效果应该存在相关性，如整体风格、装饰元素、配色、布局等，这是因为如果设计的毫无联系，消费者通过不同端口浏览店铺时，会产生割裂感，不利于品牌形象的树立，从而降低消费者的回头率。

9.3　设计糕点店铺商品详情页

　　"鸿蕖香糕点"官方旗舰店准备为"蛋黄酥"商品制作详情页，包含焦点图、信息展示图、卖点说明图3个模块。其中，卖点说明图分为两个部分。店铺希望通过添加视频来展示传统工艺，增强消费者对商品的信任。

　　无论使用移动端还是PC端浏览，商品详情页内容是固定不变的，因此网店美工可制作一版通用尺寸的详情页，这样就可以避免重复制作；在布局上可按照模块逐一进行制作，在配色方面可采用"蛋黄酥"本身色彩来搭配，从而保持整体视觉和谐，最终效果如图9-34所示。

图9-34 "蛋黄酥"商品详情页

↘ 9.3.1 案例分析

根据商品详情页各个模块的作用，分析案例制作思路如下。

（1）焦点图作为详情页的顶部模块，卖点文字的制作可沿用移动端焦点图思路，简洁展示即可。

（2）对于食品类商品而言，充分的信息展示是吸引消费者的关键。因此，网店美工可将信息展示图放在焦点图下方，整体设计以方便消费者阅读为主，以确保消费者能够迅速获取所需的信息。

（3）卖点说明图可根据卖点来设计，划分为两个部分，一部分采用图文的方式展示蛋黄酥的手工制作流程，另一部分采用视频方式说明传统手工制作工艺。

微课：设计糕点店铺
商品详情页

↘ 9.3.2 设计实施

根据案例分析的结果，按照焦点图、信息展示图、卖点说明图（包含视频）的制作流程开始制作。

1. 设计焦点图

焦点图可使用之前美化后的商品图，然后添加卖点文字，其具体操作步骤如下。

STEP 01 新建大小为"750像素×3438像素"，分辨率为"72像素/英寸"，名称为"蛋黄酥商品详情页"的文件，填充前景色为"#fed972"。

STEP 02 置入美化后的"蛋黄酥焦点图背景.jpg"图片（配套资源:\效果文件\第9章\蛋黄酥焦点图背景.jpg），并调整其大小和位置。

STEP 03 使用"横排文字工具" T 输入文本，为首排文本添加颜色为"#ff6e00"，大小为"2像素"的"描边"图层样式。同样为下排文字设置颜色为"黑色"的"描边"图层样式，并设置该图层的填充为"0%"，如图9-35所示。

图9-35 输入并调整文本

STEP 04 使用"钢笔工具" ✎ 在蛋黄酥右侧绘制路径后，使用"横排文字工具" T 在路径上输入文本，单击"仿粗体"按钮 T 和"下划线"按钮 T ，效果如图9-36所示。

图9-36 焦点图效果

2. 设计信息展示图

信息展示图的重点在于展示商品的各项信息，因此需要着重设计信息区域，装点商品图像。其具体操作步骤如下。

STEP 01 使用"钢笔工具" ✎ 绘制填充颜色为"#fed972"的形状，使用"矩形工具" ▭ 分别绘制填充颜色为"白色"和描边颜色为"#fdc936"的矩形。

STEP 02 置入"蛋黄酥1.png"图片（配套资源:\素材文件\第9章\蛋黄酥详情页\）并调整其大小和位置。

STEP 03 为白色矩形和蛋黄酥图像添加颜色为"#fbc93c"的"投影"图层样式，如图9-37所示。

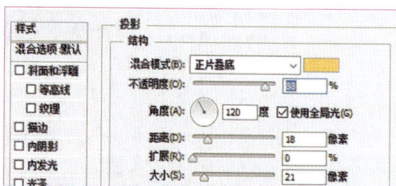

图9-37 添加投影

STEP 04 使用"横排文字工具" T 输入商品信息文本；使用"矩形工具" ▭ 绘制装饰矩形，效果如图9-38所示。

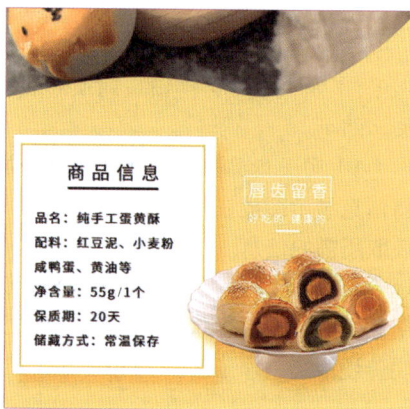

图9-38 信息展示图效果

3. 设计卖点说明图

商品图文卖点说明图可使用线条串联

的方式制作,视频卖点说明图则先制作装饰区域,再切换到剪映专业版中制作。两个部分的卖点说明图采用不同背景色区别开。其具体操作步骤如下。

（1）设计图文卖点说明图

STEP 01 置入"说明图背景.png、蛋黄酥图标.png"图片"（配套资源:\素材文件\第9章\蛋黄酥详情页\），并分别调整图片的大小和位置。

STEP 02 使用"横排文字工具" T 输入标题文本,标题区域效果如图9-39所示。

图9-39　标题区域效果

STEP 03 使用"圆角矩形工具" 绘制形状,置入"鸭蛋1.jpg、鸭蛋2.png"图片"（配套资源:\素材文件\第9章\蛋黄酥详情页\）并调整图片的大小和位置,接着将鸭蛋图像与形状创建为剪贴蒙版。

STEP 04 使用"横排文字工具" T 输入文本,以及配合"钢笔工具" 输入路径文字作为线条,使用"椭圆工具" 绘制形状,如图9-40所示。

图9-40　卖点1效果

STEP 05 将STEP 03和STEP 04涉及的图层整理成组,复制两次图层组,调整位置并修改其内容,如图9-41所示。

图9-41　卖点2和卖点3效果

（2）设计视频卖点说明图

STEP 01 复制图文卖点说明图的标题文字以及图标,调整位置和文本内容。

STEP 02 使用"矩形工具" 绘制大小为"750像素×418像素"的矩形,如图9-42所示。模拟视频所在位置,装修时不上传该矩形区域。

图9-42　模拟视频所在区域效果

STEP 03 保存文件（配套资源:\效果文件\第9章\蛋黄酥商品详情页.psd）。

STEP 04 启动剪映专业版,创建名称为"蛋黄酥卖点视频",尺寸为"1280像素×720像素",草稿帧率为"24.00帧/秒"的草稿,并开启自由层级。

STEP 05 导入"蛋黄酥.mp4、纯音乐.wav"素材（配套资源:\素材文件\第9章\蛋黄酥详情页\）,将视频置于"时间轴"面板中。

STEP 06 选择视频，单击"变速"选项卡，设置"常规变速"栏中的倍数为"2.0x"，如图9-43所示。

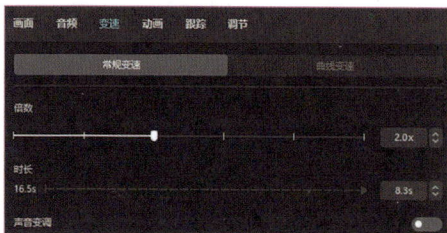

图9-43　调整视频速度

STEP 07 保持选择视频不变，单击鼠标右键，在弹出的快捷菜单中选择"分离音频"命令，接着选中音频并按【Delete】键删除。

STEP 08 在片头处添加图9-44所示的"字幕"模板，修改文本内容后，将时间指示器移至00:00:02:19处，调整字幕时间长度到时间指示器位置。

图9-44　添加字幕

STEP 09 再选择图9-45所示的"字幕"模板，修改文本内容，调整字幕长度与视频结束位置一致。

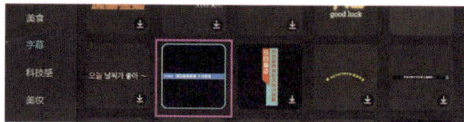

图9-45　添加字幕

STEP 10 将时间指示器移至视频开头处，添加"暖食"美食滤镜，调整滤镜时长与视频时长一致。

STEP 11 将"纯音乐"音频添加在"时间轴"面板中，并将时间指示器移至00:00:08:05处，再单击"分割"按钮 ，删除后半部分的音频。

STEP 12 选择音频，在"基础"栏中设置淡出时长为"0.3s"。

STEP 13 单击 按钮，设置保存路径后，单击选中"视频导出"复选框后导出视频（配套资源:\效果文件\第9章\蛋黄酥卖点视频.mp4），最终效果截图如图9-46所示。

图9-46　视频效果截图

9.4　设计糕点店铺推广图

　　"鸿蓑香糕点"官方旗舰店准备为"蛋黄酥"商品制作推广图，形式为竖版商品主图，并在其中加入优惠文字，吸引消费者前来选购。网店美工在制作竖版主图时，可采用三栏布局的形式，色彩以与蛋黄酥相似的橙色为主，最终效果如图9-47所示。

↘ 9.4.1　案例分析

根据竖版商品主图特点，分析案例制作思路如下。

（1）将画面分为3个部分，中间为商品图像，使其在整个画面中处于紧抓消费者视线的位置；上部分为品牌Logo及优惠文本；下部分为商品价格以及商品名称。

（2）商品图像的空间占据绝大部分区域，因此需要提升美观度。

（3）为文本所在区域添加装饰形状，下部分使用颜色为上深下浅的形状，有膨胀效果的元素，使其看起来更加稳固；而上部分使用色彩为纯色或左右渐变的形状，使其看起来更加轻盈。

↘ 9.4.2　设计实施

根据案例分析结果开始设计推广图。其具体操作步骤如下。

STEP 01 新建大小为"750像素×1000像素"，分辨率为"72像素/英寸"，名称为"蛋黄酥推广图"的文件。

STEP 02 使用"矩形工具" ▢ 绘制与图像编辑区等大的渐变矩形，渐变颜色为"#fc5c35~#feb47b"，其他参数如图9-48所示。

图9-48　渐变参数

STEP 03 使用"圆角矩形工具" ▢ 分别绘制填充颜色为"#feb47b"和"白色"的形状。置入"蛋黄酥推广图.jpg"图片（配套资源:\素材文件\第9章\蛋黄酥推广图\），调整图片的位置和大小。

STEP 04 选择【图像】/【调整】/【自然饱

和度】命令，设置自然饱和度、饱和度为"+33、+47"，为该图像和白色圆角矩形创建剪贴蒙版，效果如图9-49所示。

图9-47　蛋黄酥推广图

微课：设计糕点店铺
推广图

图9-49　调整图像色彩并创建剪贴蒙版

STEP 05 使用"横排文字工具" T 输入品牌Logo和优惠文本，置入"胶囊.png"图片（配套资源:\素材文件\第9章\蛋黄酥推广图\），充当优惠文本底纹，复制该图片并调整位置，如图9-50所示。

图9-50 复制图片并调整位置

STEP 06 置入"底部装饰.png"图片（配套资源:\素材文件\第9章\蛋黄酥推广图\），调整其位置和大小。

STEP 07 使用"横排文字工具" T 输入商品价格以及商品名称，选择"10"文本，为其添加颜色为"#fd9211~#f4fe80"的"渐变叠加"图层样式，以及颜色为"#fc5c35"的"投影"图层样式，其余参数如图9-51所示。

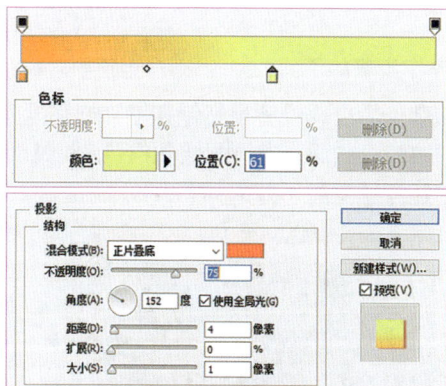

图9-51 相关参数

STEP 08 复制图层样式至"纯手工蛋

黄酥"文本图层，选择该文本下方的文本，并为其添加颜色为"白色"，大小为"3像素"的描边图层样式，再设置该图层填充为"0%"，如图9-52所示。

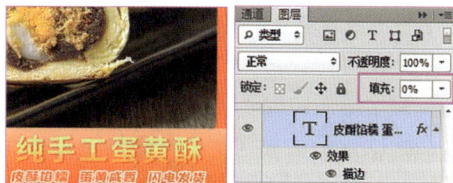

图9-52 添加描边并设置图层填充

STEP 09 使用"钢笔工具" 🖊 绘制路径，使用"横排文字工具" T 在路径上输入文本。置入"点赞.png"图片（配套资源:\素材文件\第9章\蛋黄酥推广图\），并调整图片的大小和位置，如图9-53所示，保存文件（配套资源:\效果文件\第9章\蛋黄酥推广图.psd）。

图9-53 调整图片大小和位置

9.5 实战演练——家居店视觉设计

"特屿森"是一家以销售实木、新疆棉制品的家居类旗舰店。为了向消费者传达保护大自然、呵护树木的品牌理念，网店美工准备以绿色为主色调进行店铺设计，包括移动端首页和PC端首页、实木类的商品详情页等，让消费者感受"绿色之美"，并制作引力魔方图进行宣传，同时提升店铺的曝光度和知名度。参考效果如图9-54~图9-57所示。

图9-54 "特屿森"旗舰店的PC端首页

图9-55 "特屿森"旗舰店的移动端首页

图9-56　"特屿森"旗舰店的电视柜商品详情页

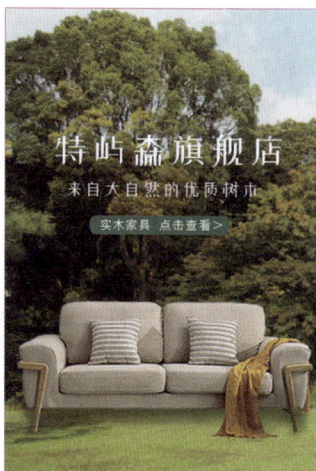

图9-57　"特屿森"旗舰店引力魔方图

↘ 9.5.1 案例分析

根据所要制作的页面与推广图用途，店铺整体色调以绿色为主色、使用无彩色进行搭配，整体风格则以简约、大气为主，各部分的具体制作思路如下。

（1）PC端店铺首页的宽度可设定为950像素，便于后期转化成移动端尺寸，整体制作按照店招、轮播海报、优惠券、商品促销区的顺序进行，色彩的变化由店招至商品促销区逐渐变浅，丰富画面效果。

（2）移动端店铺首页可选用PC端店铺首页的优惠券和轮播海报之一，新制作顶部的轮播海报、商品分类、商品展示区模块，色彩变化延续PC端的模式，以此呼应。

（3）实木类商品的详情页可选用店铺内热销的实木电视柜商品进行制作，提高宣传力度，详情页的宽度选用PC端和移动端都能支持的750像素，按照焦点图、信息展示图、卖点说明图的顺序制作，绿色作为点缀色使用，营造简约风格。

（4）引力魔方图的设计以商品图片为主，绘制绿色的形状，并输入少量的卖点文字，制作典雅风格的引力魔方图，提升商品格调。

↘ 9.5.2 设计实施

网店美工可根据案例分析的内容，按照PC端店铺首页、移动端店铺首页、商品详情页和引力魔方图的顺序进行设计。

微课：家居店铺视觉设计

1. 制作PC端店铺首页

网店美工可利用位置为120像素、150像素、650像素、1150像素和1450像素的水平参考线划分首页上每个模块的位置，再按照以下顺序制作。其具体操作步骤如下。

（1）设计店招

STEP 01 新建大小为"950像素×2800像素"，分辨率为"72像素/英寸"，名称为"家居PC端首页"的文件。按照模块的大小创建5条水平参考线划分位置。

STEP 02 在第1条参考线上面的区域依次置入"店招背景.jpg、图标1.png~图标3.png、关注店铺.png"图片（配套资源:\素材文件\第9章\家居PC端首页\），并调整其位置和大小，效果如图9-58所示。

STEP 03 使用"矩形工具" ■绘制与第1条参考线到第2条参考线间高度相同的、填充颜色为"#036151"的矩形，充当导航条背景。

STEP 04 使用"横排文字工具" T输入文本并进行调整，完成制作，效果如图9-59所示。

图9-58 调整素材位置和大小

图9-59　店招效果

（2）设计轮播海报

STEP 01 使用"矩形工具" ■ 绘制与第2条参考线到第3条参考线间高度相同的矩形，如图9-60所示。

图9-60　绘制轮播海报1所在矩形

STEP 02 置入"双层柜.jpg"图片（配套资源:\素材文件\第9章\家居PC端首页\），调整图片的大小和位置，然后与STEP 01绘制的矩形创建为剪贴蒙版。

STEP 03 使用"横排文字工具" T 输入文本颜色为"#414141"的文本，使用"矩形工具" ■ 绘制填充颜色与文本颜色一致的矩形，充当下排文字的底纹，再将该文本的文本颜色调整为"白色"，完成轮播海报1的制作，效果如图9-61所示。

图9-61　轮播海报1效果

STEP 04 按照STEP 01~STEP 03相同的方法，使用"矩形工具" ■ 绘制与第3条参考线到第4条参考线间高度相同的矩形，依次置入"沙发椅.jpg、购物标签.png"图片（配套资源:\素材文件\第9章\家居PC端首页\）后，创建剪贴蒙版。

STEP 05 复制STEP 03涉及的图层，移动位置后，修改文本内容，完成轮播海报2的制作，效果如图9-62所示。

图9-62　轮播海报2效果

（3）设计优惠券

STEP 01 使用"矩形工具" ■ 绘制与第4条参考线到第5条参考线间高度相同的、填充颜色为"#f3f3f3"的矩形。

STEP 02 使用"横排文字工具" T 输入"领取优惠券更优惠"文本，设置文本颜色为"#036151"，如图9-63所示。

图9-63　优惠券模块顶部效果

STEP 03 选择"横排文字工具" T ，保持文本颜色和字体不变，不断调整字体大小，输入优惠券1的文本；使用"直排文字工具" **IT**，设置相同的字体、文本颜色，输入"RMB"文本；使用"直线工具" ✏ 绘制填充颜色与文本颜色一致的斜线，如图9-64所示。

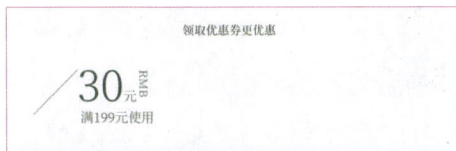

图9-64　输入文本并绘制斜线

STEP 04 将STEP 03涉及的图层整理成图层组，复制两次图层组，调整复制后图层组的位置并修改文本内容，完成优惠券的制作，效果如图9-65所示。

图9-65　优惠券效果

（4）设计商品促销区

STEP 01 使用"矩形工具" ▭ 在第5条参考线下方绘制填充颜色为"#f3f3f3"的矩形，再为该矩形添加颜色为"#036151"的"投影"图层样式，其他参数如图9-66所示。

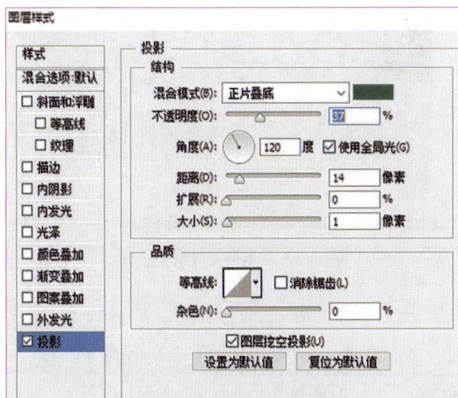

图9-66　设置投影参数

STEP 02 使用"横排文字工具" **T** 在矩形顶部输入文本颜色为"#036151"的文本；使用"直线工具" ✏ 在文本两侧绘制填充颜色为"#036151"的直线。

STEP 03 使用"矩形工具" ▭ 绘制矩形，依次置入"一字型沙发.jpg、购物标签.png"图片（配套资源:\素材文件\第9章\家居PC端首页\），调整图片的大小和位置，为沙发图像和绘制的矩形创建剪贴蒙版，如图9-67所示

图9-67　促销商品1

STEP 04 使用"横排文字工具" **T** 在标签图像右侧输入文本；使用"直线工具" ✏ 在文本左侧绘制填充颜色为"黑色"的直线，完成促销商品1的制作，效果如图9-68所示。

图9-68　促销商品1

STEP 05 将STEP 03与STEP 04涉及的图层整理成图层组，复制图层组，调整复

制图层组的位置，并修改文本内容和位置，置入"桌椅套组.jpg"图片（配套资源:\素材文件\第9章\家居PC端首页\），替换沙发图片，效果如图9-69所示。

入"柜子.jpg"图片（配套资源:\素材文件\第9章\家居PC端首页\），替换原图，如图9-71所示。

图9-69 促销商品2

STEP 06 选中促销商品1的图层组，复制图层组后，调整复制图层组的位置到下方，如图9-70所示。

图9-70 复制促销商品1图层组

STEP 07 展开STEP 06复制的图层组，修改图层组内矩形的大小、文本内容，并置

图9-71 促销商品3

STEP 08 保存文件，效果如图9-72所示（配套资源:\效果文件\第9章\家居PC端首页.psd）。

图9-72 商品促销区效果

2. 制作移动端店铺首页

网店美工可利用位置为850像素、1700像素、2000像素和2900像素的水平参考线划分首页上每个模块的位置，并修改PC端

店铺优惠券和轮播海报1的尺寸，将其放置在移动端店铺中使用，并按照轮播海报、优惠券、商品分类、商品展示区的顺序制作，其具体操作步骤如下。

（1）设计轮播海报

STEP 01 新建大小为"1200像素×4530像素"，分辨率为"72像素/英寸"，名称为"家居移动端首页"的文件。按照模块的大小创建4条水平参考线划分位置。

STEP 02 置入"绿沙发.jpg"图片（配套资源:\素材文件\第9章\家居移动端首页\），调整大小和位置，使其位于第1条参考线处。

STEP 03 使用"横排文字工具" T 输入文本颜色为"#036151"的文本，使用"矩形工具" ▣ 绘制填充颜色与文本颜色一致的矩形，充当下排文字的底纹，再将该文本的文本颜色调整为"白色"，完成轮播海报1的制作，效果如图9-73所示。

图9-73　轮播海报1效果

STEP 04 打开"家居PC端首页.psd"文件，将轮播海报1涉及的图层移动至"家居移动端首页"文件中，调整位置和大小，使其置于第1条水平参考线和第2条水平参考线之间，如图9-74所示。

图9-74　移动轮播海报1图层

STEP 05 按照本文件轮播海报1文本的设置，修改STEP 04的文本图层和形状图层，效果如图9-75所示。

图9-75　轮播海报2效果

（2）设计优惠券

STEP 01 切换到"家居PC端首页.psd"文件中，将优惠券模块涉及的图层移动至"家居移动端首页"文件中，调整大小和位置，使其位于第2条水平参考线和第3条水平参考线之间，如图9-76所示。

图9-76　移动优惠券模块图层

STEP 02 选择矩形底纹所在的图层，调整其宽度，使其与图像编辑区等宽；调整底纹上文本和形状的位置，完成优惠券的制作，效果如图9-77所示。

图9-77　优惠券效果

（3）设计商品分类

STEP 01 设置前景色为"#f9f9f9"，并填充背景颜色。

STEP 02 使用"椭圆工具"◯在第3条水平参考线下绘制正圆；使用"横排文字工具"T输入文本，置入"实木家具.jpg"图片（配套资源:\素材文件\第9章\家居移动端首页\），调整图片的大小和位置，为其和正圆形状创建剪贴蒙版，如图9-78所示。

图9-78　制作实木家具分类

STEP 03 将STEP 02涉及的图层创建为图层组，复制两次图层组，依次调整位置至右侧，修改文本内容，依次置入"棉质用品.jpg、电视柜.jpg"图片（配套资源:\素材文件\第9章\家居移动端首页\），替换原图，首排商品分类效果如图9-79所示。

图9-79　首排商品分类

STEP 04 复制STEP 03涉及的3个图层组，将其移动到下方，依次修改文本内容，依次置入"置物架.jpg、沙发椅.jpg、组合沙发.jpg"图片（配套资源:\素材文

件\第9章\家居移动端首页\），替换原图。完成商品分类的制作，效果如图9-80所示。

图9-80　商品分类效果

（4）设计商品展示区

STEP 01 使用"横排文字工具"T在第4条水平参考线下输入文本颜色为"#036151"的文本；使用"直线工具"╱在文本两侧绘制填充颜色与文本颜色同色的直线。

STEP 02 使用"圆角矩形工具"▢绘制形状，在形状上方置入"加厚抱枕.jpg"图片（配套资源:\素材文件\第9章\家居移动端首页\），并为其创建剪贴蒙版。

STEP 03 使用"横排文字工具"T输入文本；使用"矩形工具"▢绘制矩形充当底纹，如图9-81所示。

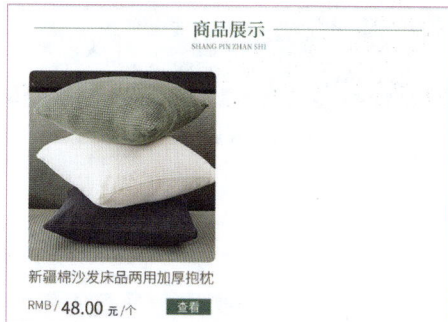

图9-81　商品展示1效果

STEP 04 将STEP 02和STEP 03涉及的图

层创建为图层组，复制3次图层组，依次调整位置，如图9-82所示。

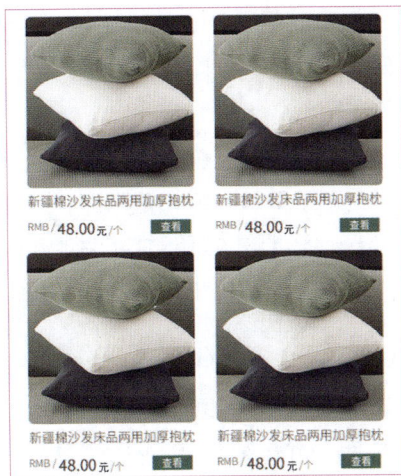

图9-82 商品展示1效果

STEP 05 修改复制所得文本内容，依次置入"收纳篮.jpg、实木柜子.jpg、奶油组合沙发.jpg"图片（配套资源:\素材文件\第9章\家居移动端首页\），替换原图。保存文件（配套资源:\效果文件\第9章\家居移动端首页.psd），完成商品展示区的制作，效果如图9-83所示。

图9-83 商品展示区效果

3. 设计商品详情页

网店美工制作商品详情页可从实木家具商品中选择"实木柜"这一代表性的商品进行制作，按照焦点图、卖点说明图、信息展示图的顺序进行制作，将文字较多的信息展示图放置在页面最后，方便消费者浏览完卖点说明图后，仔细阅读商品参数。其具体操作步骤如下。

（1）设计焦点图

STEP 01 新建大小为"750像素×3438像素"，分辨率为"72像素/英寸"，名称为"实木柜商品详情页"的文件。

STEP 02 依次置入"焦点图.jpg、光线.png"图片（配套资源:\素材文件\第9章\家居详情页\），并调整图片的大小和位置。新建"自然饱和度"调整图层，设置饱和度为"+31"，如图9-84所示。

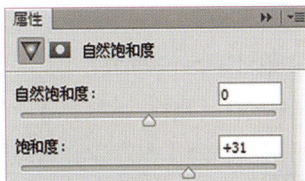

图9-84 美化焦点图图像

STEP 03 使用"横排文字工具" T 输入4排文本；使用"矩形工具" ▭ 绘制填充色为"#036151"的首排文字底纹；使用

"直线工具" ╱ 绘制填充颜色与矩形一致的装饰线，效果如图9-85所示。

图9-85　焦点图效果

（2）设计卖点说明图

STEP 01 使用"横排文字工具" T 输入文本；使用"直线工具" ╱ 在文本下方绘制黑色装饰斜线。

STEP 02 使用"矩形工具" ▣ 绘制两个大小不一的矩形，使用"钢笔工具" ✎ 绘制图9-86所示的形状。

图9-86　绘制形状

STEP 03 置入"抽屉.jpg"图片（配套资源:\素材文件\第9章\家居详情页\）并调整图片的大小和位置，与左侧小矩形一起创建为剪贴蒙版。使用"横排文字工具" T 输入文本；使用"直线工具" ╱ 绘

制装饰线，如图9-87所示。

图9-87　卖点1效果

STEP 04 将STEP 02和STEP 03涉及的图层整理成组，复制两次图层组，调整位置并修改文本内容。

STEP 05 置入"圆角.jpg"图片（配套资源:\素材文件\第9章\家居详情页\），调整图片位置，充当STEP 04复制所得两个图层组内的图像。

STEP 06 将STEP 01涉及的图层整理成图层组，方便后续制作，完成卖点说明图的制作，效果如图9-88所示。

图9-88　卖点说明图效果

（3）设计信息展示图

STEP 01 复制卖点说明图的标题图层组，调整位置，并修改文本内容。

STEP 02 使用"横排文字工具" T 输入文本；使用"矩形工具" ■ 绘制装饰矩形，如图9-89所示。

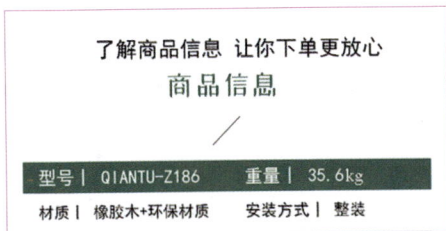

图9-89 输入文本并绘制矩形

STEP 03 将STEP 02涉及的图层整理成图层组，复制3次并修改位置和文本内容，再使用"横排文字工具" T 在下方输入文本，如图9-90所示。

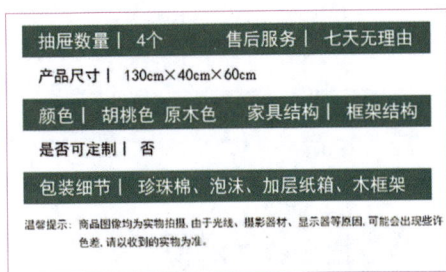

图9-90 文字信息展示图效果

STEP 04 使用"矩形工具" ■ 在图像编辑区底部的剩余区域绘制等宽的矩形。

STEP 05 继续使用"矩形工具" ■ 绘制两个等宽不等高的小矩形。置入"环保.png"图片（配套资源:\素材文件\第9章\家居详情页\），调整图片的大小和位置，如图9-91所示。

STEP 06 为环保图层添加颜色为"黑色"的"投影"图层样式，其他参数如图9-92所示。

图9-91 置入环保素材

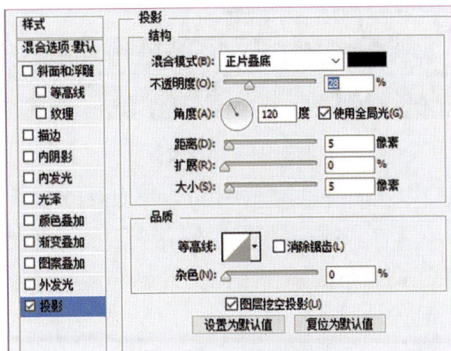

图9-92 设置投影参数

STEP 07 使用"横排文字工具" T 输入文本；使用"直线工具" / 绘制装饰线，完成图示信息1的制作，效果如图9-93所示。

图9-93 图示信息1的效果

STEP 08 将STEP 05~STEP 06涉及的图层整理成组，复制两次图层组，调整位置并修改文本内容。

STEP 09 依次置入"油漆.png、耐用.png"图片（配套资源:\素材文件\第9章\家居详情页\），调整图片位置充当STEP 08复制所得两个图层组内的图像。

STEP 10 为"耐用"图层添加与STEP 06相同参数的"投影"图层样式，如图9-94所示。

图9-94　添加投影

STEP 11 信息展示图的效果如图9-95所示（配套资源:\效果文件\第9章\实木柜商品详情页.psd），保存文件，完成实木柜商品详情页的制作。

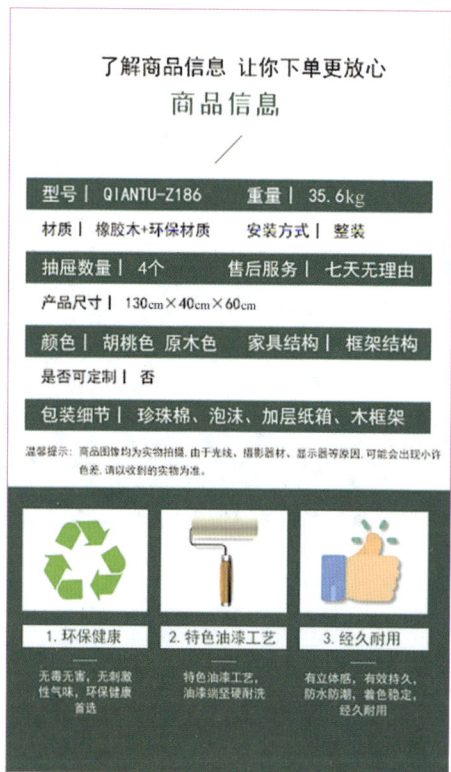

图9-95　信息展示图效果

4. 设计引力魔方图

网店美工在制作引力魔方图时，应采用能概述品牌理念的文字进行展示，使图片既能贴合品牌理念，又与店铺定位相符。其具体操作步骤如下。

STEP 01 新建大小为"513像素×750像素"，分辨率为"72像素/英寸"，名称为"家居引力魔方图"的文件。置入"草坪.jpg"图片（配套资源:\素材文件\第9章\引力魔方图\），并调整图片的大小和位置。

STEP 02 栅格化"草坪"图层，并选择【滤镜】/【模糊】/【场景模糊】命令，设置"场景模糊"栏的模糊为"2像素"，如图9-96所示。

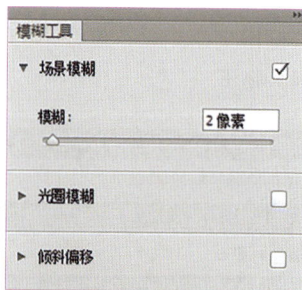

图9-96　模糊背景图像

STEP 03 置入"双人沙发.png"图片（配套资源:\素材文件\第9章\引力魔方图\），调整图片的大小和位置。选择该图层为其创建蒙版，选择蒙版，设置前景色为"黑色"，使用"画笔工具" ![画笔] 涂抹右侧沙发的花瓶区域，如图9-97所示。

图9-97 涂抹花瓶区域

STEP 04 新建图层，继续使用"画笔工具" ![画笔] 在沙发下方与草坪接触区域绘制阴影，设置图层的混合模式为"正片叠底"，不透明度为"38%"。

STEP 05 重复操作，新建图层并绘制阴影，设置该图层的不透明度为"46%"，如图9-98所示。

图9-98 绘制阴影

STEP 06 使用"横排文字工具" ![T] 输入3排文本；使用"圆角矩形工具" ![圆角矩形] 为下排文本绘制填充颜色为"#036151"的圆角矩形。保存文件，完成引力魔方图的制作，效果如图9-99所示（配套资源:\效果文件\第9章\家居引力魔方图.psd）。

图9-99 引力魔方图效果

课后练习

本练习要求利用提供的素材文件夹（配套资源:\素材文件\第9章\课后练习1\）中的素材进行家电店铺"料创家电"官方旗舰店的视觉设计，设计的内容主要包括PC端店铺首页、移动端店铺首页、商品详情页和商品直通车推广图。

网店美工在制作时可按照页面的顺序进行制作，先添加各种素材，然后输入文本和绘制装饰形状。PC端店铺首页效果如图9-100所示（配套资源:\效果文件\第9章\家电PC端店铺首页.psd）；移动端店铺首页效果如图9-101所示（配套资源:\效果文件\第9章\家电移动端店铺首页.psd）；商品详情页效果如图9-102所示（配套资源:\效果文件\第9章\榨汁机商品详情页.psd）；直通车推广图效果如图9-103所示（配套资源:\效果文件\第9章\料理机直通车推广图.psd）。

图9-100　PC端店铺首页效果

图9-101　移动端店铺首页效果

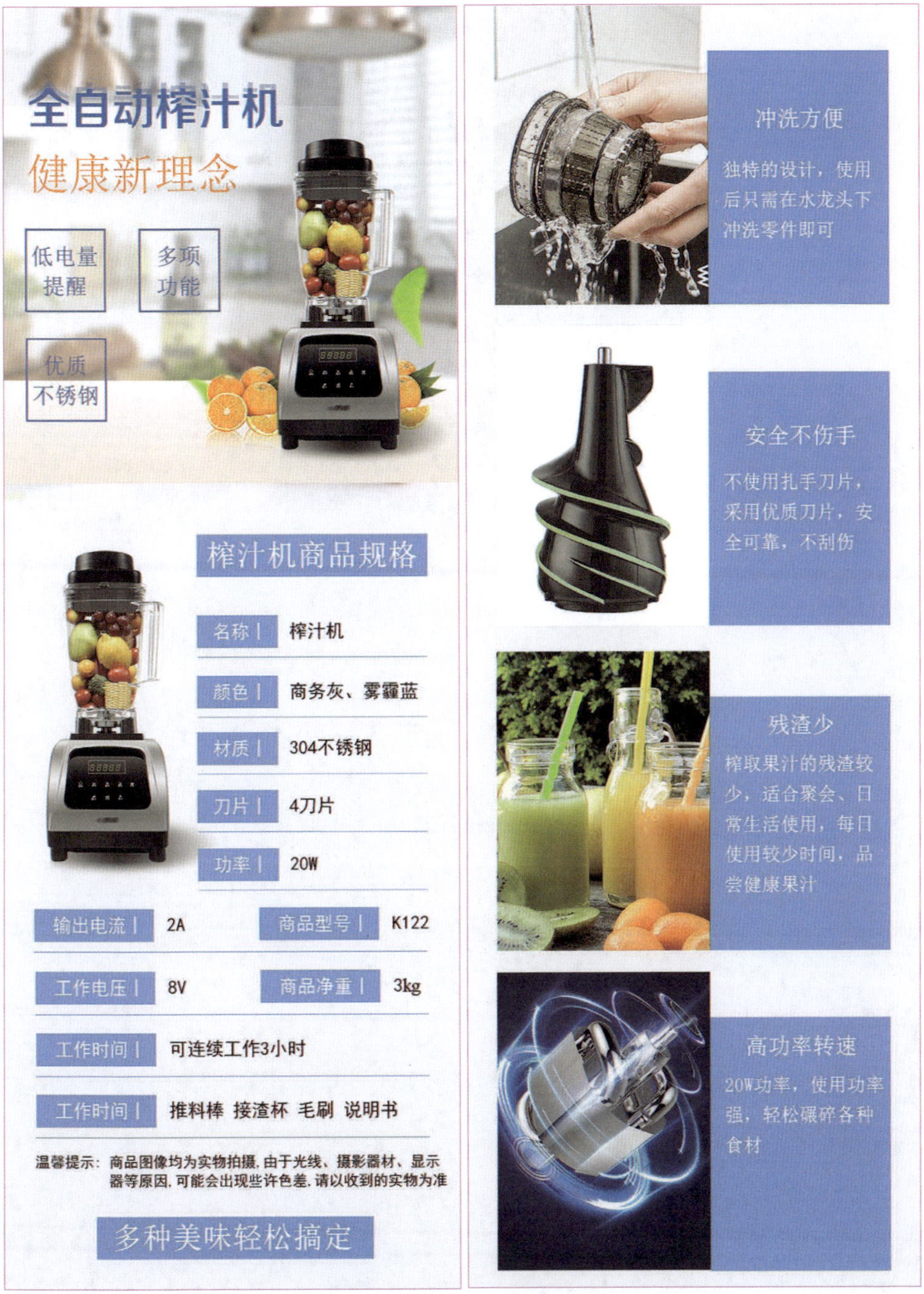

全自动榨汁机
健康新理念
低电量提醒
多项功能
优质不锈钢
榨汁机商品规格
名称丨 榨汁机
颜色丨 商务灰、雾霾蓝
材质丨 304不锈钢
刀片丨 4刀片
功率丨 20W
输出电流丨 2A
商品型号丨 K122
工作电压丨 8V
商品净重丨 3kg
工作时间丨 可连续工作3小时
工作时间丨 推料棒 接渣杯 毛刷 说明书
温馨提示：商品图像均为实物拍摄，由于光线、摄影器材、显示器等原因，可能会出现些许色差，请以收到的实物为准
多种美味轻松搞定
冲洗方便
独特的设计，使用后只需在水龙头下冲洗零件即可
安全不伤手
不使用扎手刀片，采用优质刀片，安全可靠，不刮伤
残渣少
榨取果汁的残渣较少，适合聚会、日常生活使用，每日使用较少时间，品尝健康果汁
高功率转速
20W功率，使用功率强，轻松碾碎各种食材

图9-102　榨汁机商品详情页效果

图9-103 料理机直通车推广图效果